董上德 著

世说魏晋名士

中朝名士卷

四川人民出版社

图书在版编目（CIP）数据

世说魏晋名士. 中朝名士卷 / 董上德著. —— 成都：
四川人民出版社, 2024.1
ISBN 978-7-220-13413-5

Ⅰ.①世… Ⅱ.①董… Ⅲ.①名人—生平事迹—中国
—西晋时代 Ⅳ.①K820.35

中国国家版本馆CIP数据核字（2023）第150409号

SHISHUO WEIJIN MINGSHI：ZHONGCHAO MINGSHI JUAN

世说魏晋名士：中朝名士卷

董上德　著

出 版 人	黄立新
策划统筹	李淑云
责任编辑	李淑云　朱雯馨
内文插图	丁小方
版式设计	戴雨虹
封面设计	张 科
责任校对	李京京
责任印制	周 奇

出版发行	四川人民出版社（成都市三色路 238 号）
网　　址	http://www.scpph.com
E-mail	scrmcbs@sina.com
新浪微博	@ 四川人民出版社
微信公众号	四川人民出版社
发行部业务电话	（028）86361653　86361656
防盗版举报电话	（028）86361661
照　　排	四川胜翔数码印务设计有限公司
印　　刷	四川华龙印务有限公司
成品尺寸	155mm×230mm
印　　张	8.25
字　　数	92 千
版　　次	2024 年 1 月第 1 版
印　　次	2024 年 1 月第 1 次印刷
书　　号	ISBN 978-7-220-13413-5
定　　价	49.00 元

目录

中朝名士（西晋中后期）

一　裴楷　003

二　乐广　015

三　王衍　032

四　庾敳　062

五　王承　080

六　阮瞻　088

七　卫玠　093

八　谢鲲（附谢尚）　110

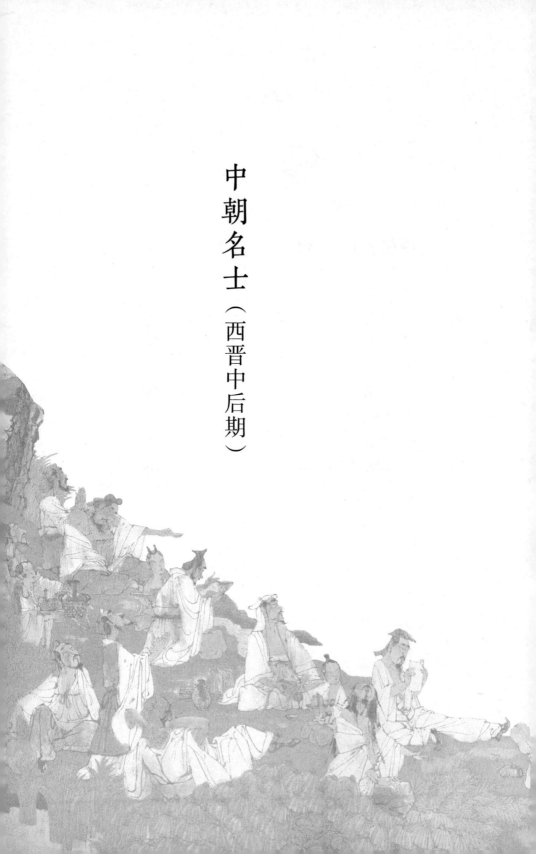

中朝名士（西晋中后期）

东晋袁宏编撰的《名士传》，第三部分即最后一部分就是"中朝名士"。本书的这个部分，名单与袁氏完全一致，一个不多，一个不少。

所谓"中朝名士"，是东晋人的说法。南渡之后，京师洛阳就成为生活于江南的北方人尤其是权贵们怀想不已的故都，多少往事，只在梦忆之中，他们所尊崇的一些西晋名士，就成为其口中的"中朝名士"了。洛阳，曾经的西晋皇朝的首都，坐落在中原，"中朝"于是成为西晋的代称。

中朝名士极少数是"竹林七贤"的晚辈，与"竹林七贤"有过交集，比如裴楷就是。可是，好些人出生于西晋初年，他们生活在晋武帝、晋惠帝、晋怀帝时代，目睹八王之乱或石勒之乱，或者遭受牵连，如身为成都王司马颖岳父的乐广；或者死于乱局，如王衍和庾敳。有若干位，在西晋末年随着南渡的人潮离开战乱不已的中原，来到江南谋生，并且死于南方，如王承、卫玠和谢鲲。

这批名士，各有个性，或张扬，或内敛，或在张扬与内敛之间，颇不相同。在对待老庄方面，他们倒是比较一致，都是研读《老》《庄》的专家，都是玄学权威，都是清谈高手。可在对待儒学方面，就很不一样，像裴楷、乐广是维护儒学的，他们看不惯当时的某些名士虚伪造作、矫情待人，甚至放荡不检，主张尊重名教和仪轨。而像王衍，以清谈领袖自居，不切世务，专注于老庄而远离儒学，冥想于玄虚境界，终至于在历史上留下"清谈误国"的骂名。

　　总体而言，他们在一定程度上是正始名士和"竹林七贤"的传人，在玄学方面是有所推进的；尤其是裴楷、乐广的思想，在某种程度上拉近了玄学与儒学的距离，或者可以说是要让玄学向着儒学回归，这是值得注意的新的变化。他们每一位都身处乱世，在乱世中各有活法，也各有不同的结局。

一 裴楷

裴楷（237—291），字叔则，西晋河东闻喜（今山西闻喜）人。

其父裴徽，享有盛名，官至魏冀州刺史。其从兄裴秀得到司马昭的重用，官至尚书令、加左光禄大夫，封济川侯，位至司空。其从侄裴颜（裴秀之子），官至国子祭酒，兼右军将军，也是"竹林七贤"之一王戎的女婿。河东裴氏，是魏晋时期的名门望族。

裴楷精于《老子》《周易》，年少时已经与王戎齐名。他口才极好，达到"听者忘倦"的程度。钟会将他推荐给司马昭，并且说："裴楷清通，王戎简要，皆其选也。"于是，任用裴楷为吏部郎。裴楷与统领吏部的山涛交往密切。裴楷后转任中书令，因他"风神高迈，容仪俊爽"，故而，"出入宫省，见者肃然改容"，富有魅力。世称裴令公。

裴楷性格宽厚，不竞于物，安于淡薄，对于某些权贵的奢侈作风和豪横做派极为反感，比如，以奢豪出名的石崇，裴楷就不与之交。为人颇见风骨。

裴楷卒于晋惠帝永平元年（291），享年五十五岁。

1 › 钟士季目王安丰："阿戎了了解人意①。"谓："裴公②之谈，经日③不竭④。"吏部郎⑤阙⑥，文帝问其人于钟会。会曰："裴楷清通，王戎简要，皆其选也。"于是用裴。（赏誉5）

▌▌ 释义

①了了解人意：洞悉世情，善解人意。

②裴公：裴楷。刘孝标注以为"裴公"是裴頠，误。裴頠生于晋武帝泰始三年（267），钟会卒于魏元帝咸熙元年（264）。钟会与裴頠没有交集。

③经日：整天。

④不竭：不尽，此处转义为无倦意。

⑤吏部郎：官名，主管选举事宜，地位显赫。裴楷任吏部郎时，统领吏部的山涛尚在世。

⑥阙（quē）：通"缺"，空缺。

▌▌ 释读

钟会评论王戎道："阿戎洞悉世情，善解人意。"又说及裴楷："裴叔则清谈，谈一整天而无倦意。"吏部郎一职空缺，司马昭问钟会可有人选，钟会答道："裴楷清通，王戎简要，这两位都是人选。"司马昭选用了裴楷。

《晋书·裴楷传》记载："（裴）楷明悟有识量，弱冠知名，尤精《老》《易》，少与王戎齐名。"精研《老》《易》的裴楷，是清谈高手，故而钟会才说"裴公之谈，经日不竭"。钟会本人也是玄学家，撰有《四本论》，他对于玄学人物多有观察，裴楷是入其法眼的后起之秀。

在某种程度上说，裴楷进入仕途，得到了钟会的提携，钟会是他的贵人。钟会为人险诈，但还是有识人的眼力。他得到司马师、司马昭兄弟的信任，并非浪得虚名。

附带一提，以上文本，似由两条文稿组合而成。"吏部郎阙"之前为一条，之后为另一条。按古人的行文习惯，如果是同一条，不会出现前面用"钟士季"的称呼，后面却用"钟会"其名。后一条内容可与本书王戎篇第三则"赏誉6"对照阅读。

2 阮步兵丧母，裴令公往吊之。阮方醉，散发坐床，箕踞不哭。裴至，下①席于地②，哭吊唁③毕，便去。或问裴："凡吊，主人哭，客乃为礼。阮既不哭，君何为哭？"裴曰："阮方外④之人，故不崇礼制；我辈俗中人，故以仪轨⑤自居。"时人叹为两得其中⑥。（任诞11）

‖ **释义**

①下：此指下跪，行礼。

②席于地：以地为席。

③吊唁：哀悼死者，称"吊"；唁，同"唁"，安慰死者家属，称"唁"。上文之"下"和"哭"，均属于"吊"的环节。

④方外：世俗之外。

⑤仪轨：礼节。

⑥两得其中：各得其便。

||| **释读**

阮籍母亲去世了，裴楷前往阮家哀悼。阮籍正在醉态之中，头发散乱，坐在床上，没有哭，只是屈着两膝坐在那里，如簸箕状。裴楷进来，下跪，以地为席，向逝者行礼；哀哭，之后向逝者家人表达慰问，恭请节哀；礼毕，就离开了。有人问裴楷："按照礼节，要行吊礼，应该是主人哭，客人才跟着哭的。阮籍既然不哭，阁下为何要哭呢？"裴楷答道："阮籍是世俗之外的人，故而不会尊崇礼制；我只是世俗中人，所以还是要行礼如仪的。"当时的人甚为感叹，觉得阮籍也好、裴楷也好，均各得其便。

刘孝标注引《名士传》曰："阮籍丧亲，不率常礼，裴楷往吊之，遇籍方醉，散发箕踞，旁若无人。楷哭泣尽哀而退，了无异色，其安同异如此。"裴楷向来淡定，面对任何场面，都可以"了无异色"，平和应对；同也好，异也罢，安之若素，以不变应万变。他有如此人格魅力，难怪获得不同方面的人的美誉。

从这个故事看，裴楷尽管不像王戎那样有机缘跟随阮籍等人作"竹林之游"，他还是跟阮籍有过交集的，当然，由于人生态度不大一样，他们走得不近，也是在情理之中。

阮籍卒于魏元帝景元四年（263），那一年，裴楷才二十七岁。那么，裴楷到阮家吊唁，哭祭阮母，时间就早得多了。所谓"裴令公"云云，只是后人的口吻。

3 晋武帝始登阼①，探策得"一"②。王者世数，系此多少③。
帝既不说，群臣失色，莫能有言者。侍中④裴楷进曰："臣
闻天得一以清，地得一以宁，侯王得一以为天下贞⑤。"帝
说，群臣叹服。（言语19）

‖ **释义**

①登阼（zuò）：登基做皇帝。阼，古代指大堂前东面台
阶，此指即皇帝位。

②探策得"一"：占卜，抽取的竹签上有"一"字。

③王者世数，系此多少：皇家观念，皇朝的世数由探策所
得的数目字来定。

④侍中：官名，常在皇帝身边，预闻朝政。是皇帝的亲信。

⑤天下贞：意为天下走上正道。贞，正，正直。以上数句，
语出《老子》第三十九章。

‖ **释读**

晋武帝司马炎刚刚登基做皇帝，循例要占卜，抽取的竹签
上有"一"字。皇家观念，皇朝的世数由探策所得的数目字来
定。晋武帝看见只有"一"，以为不祥，很不高兴，众大臣也惊
惶失色，无人对此签语做出释读。侍中裴楷站出来，说道："臣
记得《老子》里说过，天得一以清，地得一以宁，侯王得一以
为天下贞。"晋武帝得知《老子》有此一说，松了一口气，面露
喜色。众大臣也不得不叹服裴楷机灵有学问。

裴楷精研《易经》《老子》。《老子》第三十九章有一段话：
"昔之得一者，天得一以清，地得一以宁，神得一以灵，谷得一
以盈，万物得一以生，侯王得一以为天下正。"（此据辛战军《老

子译注》，中华书局，2012年，第156页）这里的"一"指的是老子挂在嘴边上的"道"。而裴楷是选择性引用，其所谓"清"，指清朗；"宁"，指安宁；"天下贞（正）"，指天下走上正道。裴楷巧妙地将意为"道"的"一"偷换成数目字意义上的"一"，借用《老子》的现成语句为之解签，一下子吻合了竹签上的签语。

要注意故事发生的时间和地点，时间是晋武帝"始登阼"，地点是皇帝召见众大臣的大殿，这是一个仪式感和神秘感叠加在一起的场面，何况，是"探策得'一'"，从字面上看，极为不利，人们自然会由此联想到"一世而止"，相信晋武帝也会这么想，所以才不悦；同时，众大臣立时倒抽一口冷气，脸色骤变，可以想象，这是多么紧张不安的时刻，谁都不敢说话，也不知如何说话，害怕怎么说都会错。难得裴楷如此冷静，随机应变，出口成章，将一条人们都以为不祥的签语释读得当，化险为夷，上下高兴。

4 ▷ 梁王、赵王①，国之近属②，贵重当时。裴令公岁请③二国④租钱⑤数百万，以恤⑥中表⑦之贫者。或讥之曰："何以乞物行惠⑧？"裴曰："损有余，补不足⑨，天之道也。"（德行18）

|| **释义**

①梁王、赵王：梁王即司马懿之子司马肜（封梁孝王），官至太宰；赵王即司马懿之子司马伦（封赵王），位至相国。

②国之近属：意为朝中血缘关系密切的亲属，此指皇帝亲族。

③岁请：每年请求。岁，此处指每年。

④二国：此指梁王和赵王的两个郡国。因司马肜、司马伦各有封地，自成王国。

⑤租钱：得之于租税收入的钱，用作名词。

⑥恤：救济。

⑦中表：父亲一方的姊妹（姑母）的儿女，以及母亲一方的兄弟（舅父）姊妹（姨母）的儿女，合称"中表"。

⑧何以乞物行惠：为什么要以行乞的方式来施惠于人呢？

⑨损有余，补不足：语出《老子》第七十七章："天之道，损有余而补不足。"意为富有者的余钱可以用于救济穷困的人。补，此处与"恤"同义。

‖ 释读

梁王司马肜、赵王司马伦，均为皇帝亲族，是当时的显赫权贵。裴楷向朝廷提出建议，每年请求梁王、赵王的两个郡国拿出数百万得之于租税收入的钱，用来救助中表亲属中的穷困者。有人对此举不以为然，当着裴楷的面讥笑道："为什么要以行乞的方式来施惠于人呢？"裴楷回敬道："损有余，补不足，天之道也。"

刘孝标注引《名士传》曰："（裴）楷行己取与，任心而动，毁誉虽至，处之晏然，皆此类。"换言之，裴楷为人处世，自有原则，所作所为，未必得到人们的普遍认可，甚至还会招惹非议，可是，他不为所动，毁也好，誉也好，都无所谓，淡然置之，我行我素。

这个故事有一定的史料价值，可知在西晋初年，晋武帝司马炎分封诸王的举措导致诸王各自独大，财富多积累于诸王的手中，别说黎民百姓，就是诸王的中表亲属，也有穷困不堪的，这使得裴楷动了恻隐之心，要求朝廷出面，让像梁王、赵王这些极为富有的王拿出一些钱来，帮助一下他们的中表亲戚。可是，就算如此，也惹来非议和嘲讽。估计讥笑裴楷的，如果不是司马彤、司马伦本人，也是他们的跟班亲随。在利益受损的情况下，他们拉下了面子，奚落裴楷，不计情面。要知道，裴楷是"出入宫省，见者肃然改容"的名士，有人竟然恶意讥之，肯定是某些人的"奶酪"被动了，甚为生气了。

连梁王、赵王的中表亲戚里也有贫者，说明西晋诸王贪得无厌，聚敛极大，无情无义，在利益面前已无亲戚可言。像裴楷这样的清正之人看不过眼，他提出的建议只是惠及中表亲戚而已，仅此一点，也遭遇非议。可以想见，随着晋武帝司马炎的死去、白痴皇帝晋惠帝的上台，八王岂有不乱之理！

5 > 裴叔则被收①，神气无变，举止自若。求纸笔作书②。书成，救者多，乃得免。后位仪同三司。（雅量7）

|| **释义**

①收：收捕。
②作书：写信。

|| **释读**

因受到亲家杨骏事件的牵连，裴楷被收捕；他神色如常，举止自若。请求纸笔，挥笔写信。信写出后，出面营救的人很多，于是免予处罚。后来还官至高位，仪同三司，相当荣耀。

据《晋书·裴楷传》记载，裴楷的儿子裴瓒娶杨骏之女为妻。裴楷与杨骏意见不合，二人关系不好。杨骏犯罪被杀，因有姻亲关系，裴楷受到牵连，故而被捕入狱。此事引起很多人的震恐。事态危急，裴楷只好写信给亲友求救。幸亏他平时人缘好，而且他与杨骏不和的情况也为人所知，有人出面陈述内情，证明裴楷与杨骏的犯罪无关，于是免予起诉，但也免去官职。

这个事件，是裴楷一生中的重大挫折。可知西晋官场十分险恶，动辄得咎，连裴楷这样的清正之人也会遭遇突如其来的变故，《晋书》用"事起仓促"四字形容，其令人惊恐的程度可想而知。西晋时，名士们谈《老》《庄》，想避世，不是没有理由的。

当然，经过风浪的裴楷，依然故我，凭借良好的人缘和深厚的学养，"后位仪同三司"，并得享天年，这是极为不易的。

6 裴令公有俊容姿，一旦有疾至困①，惠帝②使王夷甫往看，裴方向壁卧，闻王使至，强回视之③。王出语人曰："双目闪闪，若岩下电，精神挺动④，体中故小恶⑤。"（容止10）

‖ **释义**

①至困：此指病情危重。
②惠帝：晋惠帝司马衷（259—306），晋武帝第二子。
③强回视之：勉强转过头来看他。
④挺动：振作。
⑤体中故小恶：身体有一点小病而已。小恶，小病。

‖ **释读**

裴楷姿容俊美，他生病了，病情危重，晋惠帝派遣王衍前往探视。其时，裴楷正卧床，脸朝墙壁，听闻皇上派使者王衍来，勉强转过头来见来使。王衍出来后，对人说："裴令公双眼还是那么炯炯有神，目光闪闪，有如岩石下的闪电一般；精神振作，只是身体有一点小病而已。"

裴楷是一个自律且讲究礼仪的人。他哪怕病重了，也尽力做到不失仪态，以至于使得王衍产生错觉，以为他病得不重，只是小病而已。所谓"体中故小恶"，显然是王衍的误判；而"双目闪闪，若岩下电，精神挺动"，是王衍的亲眼所见，他不知道，裴楷为了保持仪容要克服多大的痛苦，可裴楷成功地没让王衍看出自己的病情。

刘孝标注引《名士传》曰："（裴）楷病困，诏遣黄门郎王夷甫省之，楷回眸属夷甫云：'竟未相识。'夷甫还，亦叹其神俊。"换言之，王衍是以黄门郎的身份奉皇帝之命到裴楷家中省视，病重的裴楷还远未到耳顺之年（终年五十五岁），不知是真是假，认不出王衍了，但还是给王衍留下神俊的印象。临终前的裴楷依然是帅的，这是他最后的剪影。

《世说新语》容止门第十二则记当时的人称裴楷为"玉人"，他是不必打扮的，"脱冠冕，粗服乱头皆好"；还说："见裴叔则如玉山上行，光映照人。"大概这也是如同嵇康的那种玉树临风的样子吧。

7 > 顾长康①画裴叔则，颊上益三毛②。人问其故，顾曰："裴楷俊朗有识具③，正此是其识具。"看画者寻之④，定觉⑤益三毛如有神明，殊胜⑥未安时⑦。（巧艺9）

‖ 释义

①顾长康：即顾恺之，字长康，晋陵无锡（今属江苏）人，东晋著名画家。

②颊上益三毛：意为在脸颊上添加须髯，画中人更显得风神飘逸、器宇不凡。三，为约数，不一定是实指。

③识具：识见和才具。

④寻之：此指边看画边寻思。

⑤定觉：终于觉得。

⑥殊胜：远远胜于。

⑦未安时：指尚未添加须髯之时。安，指在脸颊上添加须髯之举，用为动词。

|| **释读**

顾恺之为裴楷画像，画成后，又在脸颊上添加须髯。有人不解，问顾恺之有何用意。顾恺之答道："裴楷其人，姿容俊朗，识见和才具兼备，我添上须髯，这才能够凸显此人的神识和器宇。"看画的人边看边寻思，终于觉得在脸颊上添加须髯之后更能显出裴楷的风神气度，真的远远胜于添加之前。

成语"颊上三毛"由此而出，成为典故，比喻神来之笔。

顾恺之画像，在添加须髯之前，大概将裴楷的俊朗姿容画了出来，在一边看画的人已经觉得帅气十足，很完美了，这才会对顾恺之的"颊上益三毛"举动有所不解，以为是多余之举。可是，在顾恺之添加之后，再三品味，细致琢磨，终于明白这是必需的，否则，无以呈现裴楷那种历经风浪、神色自若、超迈不群的气象。须髯，是男子气概，是岁月见证，是阅世象征，这位裴令公怎么可以没有须髯来映衬他的丰富阅历和出没于险恶风浪的大智慧呢？

这是"顾恺之美学"，说到底，就是"顾恺之人学"。大画家，其精微深刻，往往有常人不可及之处。

裴楷，在中朝名士之中，是一位没有负面评论的人物。在某种意义上说，几为完人。

他外形俊朗，内有神识，内外兼美，殊不多见。

裴楷的出现，其特殊价值在于，他跟裴頠、乐广等一起于西晋时期形成一种声音，借用裴楷在哭祭阮籍母亲时所说的话，就是"我辈俗中人，故以仪轨自居"，此话与乐广的"名教中自有乐地"是相通的，与裴頠《崇有论》里对儒术的推崇是相近的。总而言之，这几位不以"方外之人"自居，而是自觉地意识到放达行为不能再提倡了，不宜再影响下一代了。这在西晋时期具有思想史和社会史意义。

裴楷，一方面持守宽厚原则，与儒家所说的"仁政"是接近的，即以朴素的人道立场来处世，对于不合理、不公平现象持否定态度；另一方面得益于老庄哲学的启迪，认定"损有余，补不足，天之道也"，这与儒家的"仁政"观念形成理论上的互补。从这个角度看，裴楷之所以几为完人，其主观条件是具备的。

就客观条件而言，河东裴氏家族在魏晋之交本已享有美誉，裴楷为人，既有才具，又有人缘，当遭遇凶险之时，会有人出手相助，逢凶化吉；而裴楷的为政风格是"不竞于物"，且"与物无忤"，顺势而为，这就形成有利于他成为完人的环境。

西晋政坛，朝夕有变。身处其中，尚能因病而终，享其天年，实在不易。可与他做比较的是乐广、王衍等人的晚年，乐广的忧愤而殁，王衍的死于非命，都反衬出裴楷的从容一生。

二 乐广

乐广（？—304），字彦辅，西晋南阳（今河南南阳）人。曾任吏部尚书等职，一度代替王戎出任尚书令，故世称乐令。

其父乐方，正始年间曾与夏侯玄共事。夏侯玄颇为器重年纪尚小的乐广，称之为"神姿朗彻，当为名士"。《晋书·乐广传》称："（乐广）性冲约，有远识，寡嗜欲，与物无竞。尤善谈论，每以约言析理，以厌人之心；其所不知，默如也。"言简意赅，是乐广的话语风格；且持守"知之为知之，不知为不知"的儒家遗训。

乐广得到时任荆州刺史的王戎的提拔，又得到时任尚书令的卫瓘（卫玠祖父）的高度评价，声誉日隆。他的为政作风是不事张扬，不求显赫的政绩，可是，离任之际，"遗爱为人所思"。

乐广能清醒地分析时局，为人颇有底线，"值世道多虞，朝章紊乱，清己中立，任诚保素而已"（《晋书·乐广传》），是一个有政治头脑的人。但是，他虽有心保素，无奈女儿嫁给了成都王司马颖，在八王之乱中，成都王岳父的身份为他带来较多麻烦，"群小谗谤之，竟以忧卒"。一代名士，以此收场，未免令人唏嘘。

1〉 王平子①、胡毋彦国②诸人，皆以任放为达③，或有裸体者。乐广笑曰："名教④中自有乐地，何为乃尔也！"（德行23）

|| **释义**

①王平子：即王澄，字平子，王衍之弟。曾任荆州刺史。为人随性，放荡不羁。

②胡毋彦国：即胡毋辅之，字彦国，官至湘州刺史。性嗜酒，不拘小节。

③以任放为达：以任性放荡当作洒脱通达。

④名教：儒家礼教的异称。儒家重视"君臣父子"等名分，视之为礼教之本，故而礼教又称名教。表达了儒家维护国家纲纪、稳定人伦秩序的思想。

|| **释读**

王澄、胡毋辅之等人，都把任性放荡当作洒脱通达，更有甚者，裸露身体，不以为羞。乐广却不以为然，抿嘴一笑，说："名教中自有乐地，如此自我放逐，背离规矩，所为何来！"

刘孝标注引王隐《晋书》："魏末阮籍，嗜酒荒放，露头散发，裸袒箕踞。其后贵游子弟阮瞻、王澄、谢鲲、胡毋辅之之徒，皆祖述于籍，谓得大道之本。故去巾帻，脱衣服，露丑恶，同禽兽。甚者名之为通，次者名之为达也。"这段话，将"以任放为达"的处世方式归咎于"竹林七贤"的核心人物阮籍，说王澄、胡毋辅之诸人是有样学样，而通达还分为两个层次，以"通"为第一等，以"达"为第二等。

阮籍身处魏晋交替之际，险象环生，曹魏不想得罪，司马氏则不敢得罪，干脆沉湎醉乡，不理人事，口不臧否人物，喜怒不形于色，无是无非，不招谁，不惹谁，浑浑噩噩，以此度日。至于他的"露头散发，裸袒箕踞"，也是一种避世策略，他甚至在司马昭身边，也是这样的不修边幅，不讲体面，以这样糟糕的形象来打消别人的猜疑和嫉恨，表明自己对政治和权力都没有兴趣。若以了解之同情来看阮籍，他有其不得不如此这般的苦衷。

可是，随着时间推移，世情有变，尤其是晋朝政权正式建立以后，像阮瞻、王澄、谢鲲等人就出生于晋武帝时代，他们已经与曹魏政权没有瓜葛，也无当年阮籍的烦恼和苦衷。何况早在阮籍在世时，他并不同意其子弟学他的样子，如《世说新语》任诞门第十三则，记阮籍儿子阮浑成人后想学父亲的风气韵度，阮籍告诫他说：我们家已经有阮咸学成那样了，你就不能再来效法。可见阮籍不愿将自己的举止作为后人模仿的对象，要是让阮籍来承担引导风气的责任，显然是不适当的。

不过，话说回来，"竹林七贤"对后世的影响实在很大，后人从他们的身上看到了率性和随便，觉得这样的行为方式似乎无拘无束、自由自在，尤其是在礼教管束很严的环境下，阮籍他们的那种活法对于年轻人而言有着吸引力，他们竞相效法，以为非如此算不上名士，加以老庄思想的流行，逐渐形成他们所认为的"达"的观念。而在抱持传统礼教观念的人看来，这就成为一个不可小觑的社会问题。

乐广是看不过眼的，他虽然也是清谈家，熟悉老庄的言论，可是，他比较自觉地维护儒家的名教，认为一个社会不能总出现类似王澄、胡毋辅之等人的怪诞行为，这些出格的举止对社会风气起到不好的作用，还是回归名教为好。

阅读这个小故事，可以感受到在西晋时期，通达与名教形成对立关系，当时的社会也不是一味通达的，尚有部分人士对之持否定态度。乐广就是一个代表，他一生说过很多话，最出名的应该是"名教中自有乐地"这一句了。

还有一点可以注意，熟读《老》《庄》的乐广，其本质还是归于儒家，这就与阮修在王衍面前说老庄思想与"圣教"是"将无同"（见《世说新语》文学门第十八则）颇有一定的关联，即在魏晋时期，儒家思想与老庄思想并非绝对的对立，它们之间的某种同一性（在"性与天道"问题上的相关性）也是值得关注的。

2▶ 客问乐令"旨不至①"者，乐亦不复剖析文句，直以麈尾柄确几②曰："至不③？"客曰："至！"乐因又举麈尾曰："若至者，那得去？"于是客乃悟服。乐辞约而旨达④，皆此类。（文学16）

||| **释义**

①旨不至：这是出自《庄子·天下》的话，完整的语句是"指不至，至不绝"。所谓有客人问乐广"旨不至"者，当是这句话的省称。旨，通"指"。指，意为指称事物的概念。这里的"至"字偏于指抽象的匹配。

②确几：敲击几案。确，用为动词，拟敲击之声。

③至不（fǒu）：抵达（该处）了吗？不，通"否"。这个"至"字偏于指可见的抵达。下文客人说的"至"字，亦然。

④辞约而旨达：虽言辞简约，而已经达意。这是乐广的言语风格。

‖ 释读

有客人问乐广《庄子·天下》里"指不至，至不绝"这句话如何理解。乐广也不跟他分析文句，干脆拿麈尾的把柄敲击几案，问道："抵达了吗？"客人说："抵达。"乐广随即将麈尾举在空中，再问道："要是说抵达了，又为何离开呢？"于是，客人领悟，表示佩服。乐广说话，意思能表达清楚就够了，绝不多说一句，人们称之为"辞约而旨达"；他往往这样，这只是一个例子罢了。

乐广是机灵的，也属教授有方。他借助两个动作，回应了"指不至"和"至不绝"。只不过，他做了简化处理，简化为："至？""不至！"这样做，刺激了求教者的直觉思维，引导求教者从具象化的情景即直觉出发，去领悟抽象的道理。你看，"至"是存在的，麈尾柄不是敲到几案了吗？然而这是暂时现象，是有限度的；说不定什么时候麈尾柄就离开几案了，离开则属于常态，你总不会看到麈尾柄一直不离开几案的吧，故"不至"是随时发生的。换言之，语言（概念）与事物相配是相对的，即名与实的对应关系是相对的，概念（名）不可穷尽万事万物（实），万事万物总是处于变动不居的状态之中，没有绝对的"至"，但有常态化的"不至"。

"指不至"，意思是概念与事物不能完全相称、不能全部匹配。"至不绝"，意思是因为"指不至"，所以概念与事物的匹配是没有止境的。事物变化无穷，概念的出现总会跟不上事物的变化。于是，概念与事物总是处于动态的适配之中，新事物层出不穷，概念无法时刻跟上，事物与概念之间存在错位，这就是"不至"。

乐广是一位出色而有个性的清谈家，他不喜欢滔滔不绝、长篇大论，自觉跳出语言的迷障，言简意赅，启迪灵感，启发悟性。这为后世的禅宗大德以公案的形式来参话头开了先河。同时，这个问"旨不至"的故事也是中国教育史上启发教学的典范个案。

中朝名士

3 乐令善于清言①，而不长于手笔②。将让③河南尹，请潘岳④为表⑤。潘云："可作耳。要当得君意⑥。"乐为述己所以为让，标作⑦二百许语⑧。潘直取错综⑨，便成名笔⑩。时人咸云："若乐不假⑪潘之文，潘不取乐之旨，则无以成斯矣。"

（文学70）

释义

①清言：又称清谈。魏晋时，名士们以谈论《老》《庄》为"清"，以谈论世务为"俗"。趋"清"避"俗"，为当时的时尚。

②手笔：此指文章。

③让：辞让。

④潘岳：字安仁，荥阳中牟（今属河南）人。以美姿容著称。西晋文学家，擅长诗赋写作，作品辞藻艳丽，富有才情。

⑤表：文体名，上奏皇帝的文书（奏表）。

⑥当得君意：只是需要您说出大意。

⑦标作：意为标定大意。原作"标位"，今据余嘉锡先生意见改。余先生比对过宋本《世说新语》，认为今传通行本作"标位"是错的，应是"标作"，后人误改了（参见余嘉锡《世说新语笺疏》，中华书局，2011年，第221页）。余氏之说可取。在此故事中，潘岳要求乐广先行口述，故乐广"标作二百许语"，即以约二百句来标举大意（潘岳的作文以此为准），目的是为文章的措辞定调；因为是给皇帝看的表，是乐广的个人行为，要避免出现不得体或不合乐广口吻的语句。这是潘岳为文老练之处。而如今通行的一些译注本将"标位"或解释为"揭示，阐述"（张万起等《世说新语译注》，中华书局，2009年，第226页），或解释为"阐释"（朱碧莲《世说新语详解》，上海古籍出版社，2013年，第159页），或解释为"列举，揭示"（董志翘等《世说新语笺注》，江苏人民出版社，2019年，第281页），诸种解释，均与"标作"二字的意思颇有错位，似尚未贴近原意。"标作"的"标"，有"标定"的含义，故下文说"潘直取错综，便成名笔"，所谓"直取"，就是不复改订原意，潘岳的工作只是将口语转化为文章，即成名篇。

⑧二百许语：即二百来句。许，表约数。《晋书·乐广传》此句作"（乐）广乃作二百句语"，可参看。

⑨直取错综：意为直接取材于乐广的口述，意态纵横，层次清晰。《晋书·乐广传》此句作"（潘）岳因取次比"，可参看。

⑩名笔：即名篇。

⑪假：借。

释读

乐广善于清谈，但不长于写文章。他准备辞让河南尹一职，专门请文章高手潘岳代作奏表。潘岳说："写是可以写，只是需要您说出大意。"乐广于是口述自己辞让河南尹一职的理由，标定大意，且为文章的措辞定调，说了一番话，约有二百句。潘岳直接取材于乐广的口述，意态纵横，层次清晰，便成了一篇名文。当时的人都说："如果乐广不借重潘岳的文笔，潘岳不取用乐广的意旨，那就难以成为名篇佳作了。"

乐广除了熟读《老》《庄》，还熟悉儒家经典，孔子的"述而不作"对他深有影响，故而，他在写文章方面并不用心；以他的聪明灵慧，不至于写不出一份二百来句的表，可他真的"不长于手笔"，缺少训练，这才会有求于潘岳。

这是口与笔合作的成功范例。如此配合，传为佳话。

4> 卫伯玉①为尚书令②，见乐广与中朝名士③谈议，奇之曰："自昔诸人没已来④，常恐微言⑤将绝，今乃复闻斯言于君矣！"命子弟造之⑥曰："此人，人之水镜也，见之若披⑦云雾睹青天。"（赏誉23）

释义

①卫伯玉：即卫瓘，字伯玉，卫玠的祖父。

②尚书令：尚书省长官，负责政令的颁布。

③中朝名士：这是东晋时代的说法，指"竹林七贤"之后尚然在世的西晋名士。中朝，指以洛阳为京师的西晋朝廷。

④自昔诸人没已来：意指自从正始名士、"竹林七贤"等去

世以后。诸人，指何晏、王弼等正始名士，以及阮籍、嵇康等"竹林七贤"。已来，通"以来"。

⑤微言：即清言（清谈），也就是魏晋时代士人口中的"正始之音"。

⑥命子弟造之：要求卫家子弟前去拜访乐广。造，拜访。

⑦披：拨开。

‖ 释读

卫瓘做尚书令时，看见乐广跟西晋时期的名士们交谈，见解出众，甚为惊奇，对乐广说："自从正始名士、竹林七贤等去世以后，我经常担心正始之音成为绝唱，不意今天竟然从阁下的口中又听到了！"于是，要求卫家子弟前去拜访乐广，说："这一位，心地澄明，如清澈之水，让人从而照见自己；你们要是见到他，如拨开云雾见青天。"

卫瓘是乐广的前辈，他称誉乐广，是对后辈的高度肯定和表扬。有一个事实，可以证明卫家的子弟真的听从卫瓘的命令前往乐广家请教，那就是尚未成年的卫瓘之孙卫玠询问乐广关于梦的理解，得到乐广的悉心指教。事见《世说新语》文学门第十四则（请参考本书的卫玠部分）。

刘孝标注引《晋阳秋》曰："尚书令卫瓘见（乐）广曰：'昔何平叔诸人没，常谓清言尽矣，今复闻之于君！'"又引王隐《晋书》曰："卫瓘有名理，及与何晏、邓飏等数共谈讲，见（乐）广奇之曰：'每见此人，则莹然犹廓云雾而睹青天。'"卫瓘生于魏文帝黄初元年（220），进入正始年间，卫瓘已经是二十来岁的青年人，故有机会与何晏、邓飏等人接触，听过原汁原味的"正始之音"，即他心目中的"微言"。而他在晚年时喜见乐广，誉之为"人之水镜"，我们可以推想，乐广与阮瞻、王澄、谢鲲等人不同，他反对"以任放为达"，主张"名教中自有乐地"，久历官场、见惯风浪的卫瓘，相信乐广是正人君子，也是"正始之音"的传人，所以，才会郑重地要求卫家子弟多接近乐广，以求有所长进。

在乐广的时代，玄学似乎出现一个调整状态，有一些人，如乐广，不是一味地偏于放达，而想对玄学有所纠偏，在某些方面回归儒家的价值观念。卫瓘信得过乐广，让子孙向他学习，似乎透露出这样的信息。

5 冀州刺史杨淮①二子乔与髦②，俱总角为成器③。淮与裴颜④、乐广友善，遣见之。颜性弘方⑤，爱乔之有高韵⑥，谓淮曰："乔当及卿，髦小减⑦也。"广性清淳⑧，爱髦之有神检⑨，谓淮曰："乔自及卿，然髦尤精出⑩。"淮笑曰："我二儿之优劣，乃裴、乐之优劣。"论者评之，以为乔虽高韵，而检不匝⑪，乐言为得。然并为后出之俊。（品藻7）

‖ 释义

①冀州刺史杨淮：西晋弘农华阴（今河南灵宝北）人。杨修之孙，官至冀州刺史。

②乔与髦：即杨乔和杨髦。杨乔，字国彦，为人爽朗。杨髦，字士彦，为人有见识，后被石勒所害。

③成器：已经显出有所作为的样子。

④裴颜：字逸民，以博学著称，撰有《崇有论》，推崇儒术。

⑤弘方：旷达正直。

⑥高韵：高迈的气质和韵致。

⑦小减：稍微逊色。

⑧清淳：高洁淳朴。

⑨神检：谨慎而有操守。

⑩精出：精进杰出。

⑪不匝：不周全。

释读

冀州刺史杨淮的儿子杨乔和杨髦，尚未成年，都已经显出有所作为的样子。杨淮跟裴颜、乐广是好朋友，他让两个儿子去拜见裴、乐二人。裴颜性格旷达正直，尤其喜欢杨乔有高迈的气质和韵致，对杨淮说："杨乔将来会做到你这个样子，杨髦就稍微逊色一点。"而乐广性格高洁淳朴，尤其喜欢杨髦谨慎而有操守，对杨淮说："杨乔是会做到你这个样子，可杨髦精进杰出，会做得更为优秀。"杨淮听后，笑着说："我这两个儿子的优劣，就对应着裴、乐二位的优劣啊。"论者评说道：杨乔虽然有高迈的气质和韵致，但在自我检点方面尚未周全，乐广的说法更为准确。然而，杨乔、杨髦后来都成长为杰出的才俊。

这个小故事，是一条人生预测的趣闻，也是一个值得思考的案例。

物以类聚，人以群分。裴颜不喜欢王衍之徒，说他们不务正业、放荡轻佻，他写作《崇有论》，正以王衍之徒为批评对象。无独有偶，乐广主张"名教中自有乐地"，也是反对放达不检。进入西晋以后，对于魏晋交替时期阮籍、刘伶、阮咸等人引领的风气，出现了两种后续情况：一种是追随之，如阮瞻、王澄、谢鲲等人；一种是加以反思，主张回归儒家正道，如裴颜、乐广等人。而对杨淮来说，尽管其先辈也是曹魏集团的成员，但是已经与曹魏没有什么关系，已然依附于司马氏的体制，故而不希望自己的子孙后辈误入歧途，倾向于赞赏裴颜、乐广的立场和观念。这才会有杨淮让自己的两个儿子去结识裴颜、乐广并诚意请教的举动。

我们在考察"魏晋风度"的时候，不可忽视裴颜、乐广的存在价值和意义，他们的举止言行，也是"魏晋风度"的一种表现。

中朝名士

6 乐令女适①大将军成都王颖②。王兄长沙王③执权于洛④，遂构兵相图⑤。长沙王亲近小人，远外君子，凡在朝者，人怀危惧。乐令既允朝望⑥，加有婚亲，群小谗于长沙。长沙尝问乐令，乐令神色自若，徐答曰："岂以五男易一女？"由是释然，无复疑虑。（言语25）

释义

①适：出嫁。

②成都王颖：即司马颖（279—306），晋武帝司马炎第十六子（据《晋书》本传；一说第十九子，见刘孝标注引《八王故事》），在八王之乱中，几经浮沉，后被范阳王司马虓囚禁，司马虓暴毙，其亲随刘舆矫诏赐司马颖死。年仅二十八岁。所生二子（即乐广外孙）亦死。

③长沙王：即司马乂（277—304），晋武帝司马炎第六子（据《晋书》本传；一说第十七子，见刘孝标注引《八王故事》）。一度打败成都王司马颖，不久为河间王司马颙的部将张

方所杀，卒年二十八岁。乂（yì），字义为治理，安定。

④执权于洛：长沙王司马乂在京师洛阳掌有实权。另一方面，司马颖的大本营是邺城，他一度也把持朝政，导致"事无巨细，皆就邺（城）谘之"的情形（详见《晋书·成都王颖传》）。当时，洛阳、邺城是事实上的两个权力中心。故成都王与长沙王之争是十分尖锐的。

⑤构兵相图：意为发兵征讨。

⑥既允朝望：意为乐广已经获得在朝廷中的声望（构成对他人的威胁）。允，符合，相称，此处转义为获得。

‖ 释读

乐广的女儿嫁给了大将军成都王司马颖。司马颖的兄长长沙王司马乂在京师洛阳掌有实权，在八王互相残杀的局势下，司马乂要发兵征讨司马颖。司马乂亲近小人，远离君子；凡是朝廷中人，都人人畏惧，人心惶恐。而乐广，已经在朝廷中获得声望，加以又是司马颖的岳父，一群小人相继在司马乂耳边进谗言。司马乂曾经当面问乐广是否与女婿联手夺权，只见乐广神色自若，从容镇定地回答："我有五个儿子，岂会为了一个女儿去毁掉五个儿子的性命？"听毕，司马乂放下疑虑，不再视乐广为敌人。

据《晋书·成都王颖传》，司马颖在八王之中是一个不可小觑的人物，他"形美而神昏，不知书，然器性敦厚，委事于（卢）志"，在亲信卢志等人的辅助下，颇具号召力，乃至于"羽檄所及，莫不响应"，拥有军队二十余万，很有实力。而且，曾经一度得势，进位大将军，可以享有特权，"入朝不趋，剑履上殿"，十分威风。随着威权日增，司马颖以皇太弟的身份，行事更为嚣张，"有无君之心，大失众望"。

而司马乂与司马颖的矛盾和相争，是八王之乱中的一乱，乐广置身其中，无可逃避。所谓"乐令既允朝望，加有婚亲，群小谗于长沙"，并非无缘无故。"乐令既允朝望"是客观事实，就算乐广没有参与司马颖争权夺利的预谋和行动，他的身份、地位和名望依然会成为群小攻击、构陷他的话柄，谁叫乐广是司马颖的岳父呢？

刘孝标注引《晋阳秋》曰："成都王之起兵，长沙王猜（乐）广，广曰：'宁以一女而易五男？'乂犹疑之，遂以忧卒。"这条材料的说法与《世说新语》略有差异，差异之处是，《晋阳秋》先说司马乂对乐广有猜疑，以为乐广与司马颖合谋起兵；乐广以"宁以一女而易五男"回应，为自己辩护，替自己洗脱，但还是没有打消司马乂的疑虑，故说"乂犹疑之"。这与《世说新语》的"由是释然，无复疑虑"不同。《晋阳秋》强调乐广在司马乂的怀疑之下度日，自己忧心忡忡，"遂以忧卒"，其晚年岁月过得很压抑、很郁闷、很惶恐。看来，《晋阳秋》的说法更为接近当时的情况，因为司马乂不大可能一下子就放下对乐广的戒心。《晋书·长沙王乂传》说司马乂"开朗果断，才力绝人"，相较于"形美而神昏"的司马颖，司马乂可不是那么好糊弄的。《晋书·乐广传》及《资治通鉴》卷八五均采信《晋阳秋》乐广"遂以忧卒"的说法。

然而，无论如何，《世说新语》的这个故事在一定程度上再现了西晋八王之乱的一个实景，读者可以从司马颖的得失存亡以及乐广的戒慎恐惧来了解卷入权力纷争是多么可怕的事情。这一对翁婿，终究逃脱不了悲剧命运。

乐广死于永兴元年（304），两年之后，即光熙元年（306），其女婿司马颖被赐死，乐广的两个年纪很小的外孙也同时遭难。

7 > 王夷甫自叹：“我与乐令谈，未尝不觉我言为烦①。”（赏誉25）

释义

①烦：通“繁”，繁复，烦琐。与王衍不同，乐广的话语风格是简要，与“繁”形成对比。

释读

王衍曾经感叹道：“我与乐令交谈，话语风格不同，他太过简要，反而显得我的话过于繁复。”

刘孝标注引《晋阳秋》：“乐广善以约言厌人心，其所不知，默如也。太尉王夷甫（王衍）、光禄大夫裴叔则（裴楷）能清言，常曰：‘与乐君言，觉其简至，吾等皆烦。’”乐广奉行儒家“知之为知之，不知为不知”的原则，为人不喜多言，实话实说，有一说一，不会刻意附会。于是，形成了鲜明的个人话语风格。他甚至对于一些烦难的话题，不做语言阐释，而是以启发式的方法，使用肢体语言，让人在直觉中领悟高深的道理。曾有客人问乐广《庄子·天下》里“指不至，至不绝”这句话如何理解，他就采用了上述方式（参见《世说新语》文学门第十六则）。

王衍很飘逸，喜欢手持麈尾，高谈阔论，洋洋洒洒，风度翩翩，极为迷人；相反，乐广言行举止都很“经济”，不做过度的事，每每取其中道，适可而止。从王衍上面的话看，其说法似乎是一种比较和自省，反衬出乐广为人的某个侧面。

乐广的知识结构里，儒家学理是基本面，然后再添加了一些玄学。这与一味讲论玄学的名士如王衍等显然有别。

按说，乐广守正道、人缘好、影响大，他的一生应该风平浪静才是。可人不能超越时代，有什么样的时代就会有什么样的人生，乐广也不例外。且不说他的言论和观念与当时的一些权贵不同，会招惹他人的议论或引来麻烦；且不论他也算身居高位，官至尚书令，会有意无意地陷入某种政治旋涡；仅说他的一个身份，即成都王司马颖岳父这一角色，就会要他的命。

身处晋惠帝时代，政坛诡谲，风波屡起，人人自危，朝不保夕；八王都在觊觎大位，不幸乐广的女婿就是八王之一。乐广所信奉的名教即儒家的纲常伦理在这场凶险、混乱、惨烈的皇位争夺战中荡然无存。

司马颖还是八王之中距离皇位很近的一个王，曾几何时，他"入朝不趋，剑履上殿"；他镇守邺城，"悬执朝政，事无巨细，皆就邺谘之"（《晋书·成都王颖传》）。不知是乐广无法改变女婿的想法，还是曾经劝说终告失败，反正，明知女婿的所作所为是在违反名教，为何不见乐广对女婿说"名教中自有乐地"的记载呢？

当然，在权力欲异常爆发的时代，一切说辞都会显得苍白无力。这是乐广的悲哀。在八王互杀的情景中，尽管有成都王做女婿，可也保不了自己的命，不得不在长沙王司马乂的威吓之下忧愤而死。这是乐广的悲剧。

乐广似乎也在自保，他为了释除司马乂的猜疑，表示自己有五个儿子，比女儿重要，暗示自己会跟女婿成都王切割。可

二
乐
广

是，于事无补。这是乐广的无奈。

　　无奈，悲哀，还有悲剧，这是乐广的一生。一个聪明而自律的人，一个名满天下的乐令，一个拥有著名女婿的岳父，竟然如此收场，令人无限感慨，深叹尘网之险恶，名教之无效。

三 王衍

王衍（256—311），字夷甫，西晋琅邪临沂（今山东临沂北）人。是"竹林七贤"之一王戎的从弟。

王衍"神情明秀，风姿详雅"。年少时曾造访山涛，山涛称之为"宁馨儿"，但预判"误天下苍生者，未必非此人也"。西晋末期，王衍投靠东海王司马越，外敌当前，司马越病死，军队交给王衍统领；而王衍不懂军事，只会清谈，输得一败涂地，最后死于石勒之手，西晋政权继而覆灭。山涛预判，果如其言。

王衍以善于清谈而倾动当世，《晋书·王衍传》说他"妙善玄言，唯谈《老》《庄》为事"，是当时的清谈领袖，"后进之士，莫不景慕放（仿）效"。在某种程度上，王衍以"竹林七贤"的传人自居。

王衍颇有政治野心，凭借手中权力，安排其弟王澄、族弟王敦分别镇守荆州和青州，自己留在京师，以成"狡兔三窟"之势，伺机图谋不轨。其心机颇为有识者所不齿。

王衍少负盛名，在仕途上可谓一帆风顺，步步升迁，官至司空、司徒、太尉，位极人臣；可因"清谈误国"，落得死于非命的下场。

世称东晋时代是"王与马，共天下"，其中的"王"，指琅邪王氏；而王氏的核心人物王敦、王导与王衍同宗，王衍是前辈。王衍在西晋末年的权势和声望对于琅邪王氏的兴起有着一定的影响。

1 彭城王①有快牛②，至爱惜之。王太尉③与射④，赌得之。彭城王曰："君欲自乘则不论；若欲啖⑤者，当以二十肥者⑥代之。既不废啖，又存所爱。"王遂杀啖。（汰侈11）

释义

①彭城王：即司马权，司马懿的侄子。晋武帝即位时封彭城王（彭城，在今江苏徐州）。

②快牛：跑得快的牛。当时多用牛车，牛跑得快，尤其珍贵。

③王太尉：即王衍，官至太尉，故称。

④与射：意为以射箭的方式与之赌输赢。文中，王衍射箭赢了司马权。

⑤欲啖（dàn）：打算吃掉。啖，吃。

⑥二十肥者：二十头肥牛。

‖ 释读

　　彭城王司马权有一头跑得快的牛，十分爱惜，视如宝贝。王衍想将司马权的心头之好夺到手，与之打赌，以射箭的方式定输赢，结果，王衍赢了。司马权很不舍地说："阁下如果是用于驾车乘坐，那就罢了；要是想吃掉，我干脆用二十头肥牛把它换下来。这样就两全其美：既满足阁下的口腹之欲，又保住了我的所爱。"王衍不予交换，杀牛，吃掉。

　　这是王衍年轻时的一段逸事。

　　据《晋书·彭城穆王权传》记载，司马权死于晋武帝咸宁元年（275）。而王衍生于魏高贵乡公甘露元年（256）。射箭赌牛一事，当发生在咸宁元年之前。换言之，那时候，王衍不到二十岁，已经够胆挑战彭城王，为了一头牛，跟彭城王赌了起来。除了说明王衍对自己的射箭本领相当自信之外，还折射出王衍其人有好斗的一面。

　　回想王衍十来岁时，山涛已经预判此人厉害，然而"误天下苍生者，未必非此人也"（《晋书·王衍传》）。联系其弟王澄说王衍"神锋太俊"（赏誉门第二十七则），有锋芒毕露之时，再结合这个赌牛的故事，可知王戎说他"风尘外物"（赏誉门第十六则），只是表象，绝非实情。

　　一个人的性格会有多个侧面，都可以从日常的一些小故事里透露出信息。像这个故事，王衍想拥有彭城王的心头之好，纯粹是有心表演，既借机炫耀自己的武功即箭术，又趁势显示自己的一股狠劲儿，他跟彭城王赌一把，不是真的要那头牛，只是因为那头牛是彭城王的宝贝，要过来难度极高，可再难也有办法弄到手，不仅弄到手，还要弄到肚子里。王衍的本意显然在此。

　　这是一个喜欢表演的人，演技不差，若不明就里，很容易被他迷惑。但演技再高明，也还是演戏而已，总有破绽，哪怕是蛛丝马迹，也会有人发现。山涛可能是第一个发现这类蛛丝马迹的人，所以，他才会放出狠话，说此人终误苍生。而我们读这类小故事，不一定说要发诛心之论，可细味内情，丰富对人性之复杂性的认识。

2 诸名士共至洛水①戏②。还③，乐令问王夷甫曰："今日戏乐乎？"王曰："裴仆射④善谈名理，混混有雅致⑤；张茂先⑥论《史》《汉》，靡靡可听⑦；我与王安丰说延陵、子房⑧，亦超超玄著⑨。"（言语23）

‖ **释义**

①洛水：即洛河，在洛阳。

②戏：此处特指名士们在洛河岸上边游玩边清谈，从王衍所回答的内容可知话题多样，可以谈玄学（名理），可以谈历史著作（《史》《汉》），也可以谈历史人物，等等。这是一种智力游戏，故称"戏"。

③还：此指返回的路上。

④裴仆射：即裴頠，曾任尚书左仆射，故称。

⑤混混（gǔn）有雅致：意为言论滔滔而不失风雅。混，古同"滚"；混混，形容波涛翻滚的样子。

⑥张茂先：即张华，字茂先，魏晋时期的学者，著《博物志》。

⑦靡靡可听：娓娓动听。

⑧延陵、子房：即季札、张良。季札，是春秋时吴国公

子，以贤明博学、谦恭礼让著称，封于延陵（今江苏常州），故称；张良，字子房，汉高祖刘邦的谋士。

⑨超超玄著：意为超拔玄妙，深刻精辟。

‖ 释读

多位名士一起来到洛河岸上边游玩边清谈，以之为戏。归途中，乐广问王衍道："今日如此为戏，开心吗？"王衍带着满足的语气回答："裴仆射擅长谈论名理之学，言论滔滔而不失风雅。张茂先论及司马迁的《史记》和班固的《汉书》，可谓娓娓动听。至于我，还有王安丰，交谈季札和张良的故事，也是超拔玄妙，深刻精辟。"

"至洛水戏"是晋朝很多名士的集体记忆，进入东晋以后，王导就曾多次提及与阮瞻、王承等人在洛水边的往事，无限眷恋，深情回味。而王衍参与的这一次，就更是不得了的一段体验。

这是一场"竹林七贤"与中朝名士发生交集的清谈。作为最后的"竹林七贤"，王戎参与其中；作为中朝名士的核心人物，乐广、王衍也共襄盛举；还有裴頠、张华，他们都是著名学者，说这一次洛水之戏是清谈史上的"高峰论坛"，一点也不为过。

我们不知道这一次"高峰论坛"发生在哪一年，但是，下限是知道的，即不可能晚于晋惠帝永康元年（300），因为裴頠、张华均卒于此年。乐广生年不详，但他于晋惠帝永兴元年（304）去世；王戎在次年即晋惠帝永兴二年（305）也下世了。综合起来看，此洛水之戏大概出现于裴頠、张华、乐广、王戎的晚年，而王衍本人也开始步入中年了（生于256年）。

据刘孝标注引《竹林七贤论》，王济（240？—285？）也参与其中，而王济疑似卒于晋武帝太康六年（285），那么，此洛水之戏发生在太康年间的可能性极大。《竹林七贤论》还说他们聚会的目的是"至洛水解禊事"，那就可以推断是在太康某年的春天或秋天举行的，所谓"解禊事"，即是古代春秋两季在水边举行的意在除去不祥的祭祀。

可以想象的是，王衍他们利用解禊事的机缘而聚会，临时举办"论坛"，而且话题是开放性的，并不像此后东晋时代的谢安等限定于讨论《庄子》的某一篇。

在洛水边解禊事，边游玩边清谈，是一种娱乐身心的玩法，无怪乎称之为"戏"；而王导之徒心心念念的"洛水边"原来是这样的一种无拘无束、放言高论的场合。

王衍的答语富于满足感，在回家的路上借回答乐广的问话而"回放"刚刚结束的洛水之戏，重温大家各有特色的妙论，连带也自我表扬一下，似乎在提示乐广：我的发言也属一流啊。其开心得意，则是尽在言外了。

3〉中朝时，有怀道之流①，有诣王夷甫咨疑②者。值王昨已语多，小极③，不复相酬答，乃谓客曰："身④今少恶⑤，裴逸民亦近在此，君可往问。"（文学11）

‖ **释义**

①怀道之流：指对玄学（道）感兴趣的人。

②咨疑：咨询疑难问题。

③小极：疲倦。

④身：即"我"，用作第一人称。

⑤少恶：稍有不适。口语。恶，指不适，不舒服。

‖ 释读

在西晋时期，有对玄学（道）感兴趣的人去拜访王衍，咨询疑难问题。刚好王衍头一天说了很多话，感到疲倦，不想再应酬访客，于是对来人说："本人今天稍有不适，可移步到裴逸民家，他家就在附近，阁下去问他好了。"

刘孝标注引《晋诸公赞》："裴颜谈理，与王夷甫不相推下。"即在玄学方面，裴颜的学问和口才与王衍不相上下。这大概是王衍让访客去问裴颜的原因吧。

从这个日常细节看，王衍名气很大，当时对玄学感兴趣而抱有疑惑的人实在不少（估计多为年轻人），故王衍要经常接待访客。这也反映出彼时的学术风气和某种时代好尚。

4 裴成公①作《崇有论》，时人攻难②之，莫能折③。唯王夷甫来，如④小屈⑤。时人即以王理难裴，理还复申⑥。（文学12）

‖ 释义

①裴成公：即裴颜，谥号"成"，故尊称之为成公。

②攻难：反驳辩难。

③折：使之屈服、认输。

④如：似乎。

⑤小屈：使之稍微处于下风。

⑥理还复申：意为被质疑后尚能成功反驳。

释读

裴頠作《崇有论》，因与宣扬空无的时尚相悖，遭到不少人的反驳辩难，可就是无人能够使他屈服。唯有王衍出现，似乎能使他稍微处于下风。当时的人得悉王衍反驳裴頠的思路，也用此思路来驳斥裴頠，可是裴頠被质疑后尚能成功反击。

《晋书·裴頠传》说，裴頠写出《崇有论》后，"王衍之徒攻难交至，并莫能屈"。说明裴頠的言论在理，而王衍之徒即王衍的追随者没有人可以说得过他。请注意"唯王夷甫来，如小屈"中的"如"字，是"似乎"的意思，可能是出于礼貌，裴頠才略显下风，不一定是王衍真的能够反驳；下文"时人即以王理难裴，理还复申"，即可说明问题。

为何裴頠那么厉害呢？不见得仅仅是他本人的口才厉害，而是他所说的理无法辩驳。《崇有论》的主旨是批评放荡浮夸的风气，主张回归中庸之道："志无盈求，事无过用"；要切实做事，不应置身事外："躬其力任，劳而后飨"；倡言维护纲纪，认为"礼制弗存，则无以为政矣"。对于王衍之徒"盛称空无之美"的论调表示否定，指出当时的弊端是"立言藉于虚无，谓之玄妙；处官不亲所司，谓之雅远；奉身散其廉操，谓之旷达"，诸如此类，导致世风败坏、士行有亏。《晋书·裴頠传》说，裴頠写《崇有论》有具体的针对性："王衍之徒，声誉太盛，位高势重，不以物务自婴，遂相放（仿）效，风教陵迟，乃著《崇有》之论以释其蔽。"可见，这不是一般性的学术争论，而是关乎国运与政教的一场思想交锋。

可惜，裴頠早逝，三十四岁就遇害，死于赵王司马伦之手。而王衍经过这场交锋之后，依然故我，不思悔改，照样高谈阔论，还是"位高势重，不以物务自婴"，最后清谈误国，自己丢了性命，还葬送了西晋政权。

5 > 诸葛宏①年少不肯学问。始②与王夷甫谈，便已超诣③。王叹曰："卿天才卓出，若复小加④研寻⑤，一无所愧。"宏后看《庄》《老》，更与王语，便足相抗衡。（文学13）

释义

①诸葛宏（gōng）：字茂远，琅邪阳都（今山东沂南）人，官至司空主簿。

②始：指开始有机会。

③超诣：意为具有超出常人的造诣。

④小加：稍加。

⑤研寻：研讨。

释读

诸葛宏年少时不肯读书做学问。后有机缘与王衍交谈，一下子就显露出超越常人的造诣。王衍赞叹道："你天才卓出，如果再稍微用功研讨，就没有什么好遗憾的。"诸葛宏于是研读《庄》《老》，再一次与王衍交谈，其谈论的功力就跟王衍不相上下了。

王衍注意发掘清谈的人才，遇到适宜之人，加意培养，诸葛宏就是一个例子。这也可以说明王衍之徒是如何越来越多的。

问题在于，如果学术脱离现实，不懂世务的人才再多也于事无补，对社会的发展、民生的改善没有助益。在晋朝历史上，"王衍之徒"不是一个褒义词。

6 阮宣子^①有令闻^②，太尉王夷甫见而问曰："老、庄与圣教^③同异？"对曰："将无同^④。"太尉善其言，辟之为掾^⑤。世谓"三语掾^⑥"。卫玠^⑦嘲之曰："一言可辟，何假于三？"宣子曰："苟是天下人望，亦可无言而辟^⑧，复何假一？"遂相与为友。（文学18）

‖ **释义**

①阮宣子：即阮修，字宣子，是阮咸的从子。官至太子洗马。为人清高，不见俗人；好读《易经》《老子》，擅长清谈。

②令闻：好的声誉。令，美好。

③圣教：圣人之道，此指儒家学说。

④将无同：莫非就是同吧。将无，莫非，当时口语。

⑤辟（bì）之为掾（yuàn）：征召他为属官。辟，召见并授予官职。掾，属官。

⑥三语掾：三个字的属官，意为三个字换来一个官，语含调侃。

⑦卫玠：字叔宝，中朝名士之一，先后娶乐广、山简之女为妻。以善于清言著称。

⑧无言而辟：指哪怕一个字不说也被征召为官。言，此指汉语的字。

‖ **释读**

阮修名声颇佳。一次，王衍见到他，问道："老子、庄子的思想与圣人之道是同还是异呢？"阮修回答："莫非就是同吧。"王衍听毕，认为其言甚妙，于是征召他做属官。此事传开了，人们就说阮修用"将无同"三个字换来一个官，是为"三语掾"。卫玠打趣道："说一个字也可以被征召为官，何须三个字那么多呢？"阮修回敬道："要是名闻天下，哪怕一个字不说也被征召为官，说一个字也嫌多。"一轮言语交锋之后，两人却成了好友。

这是一件十分著名的逸事。

阮修凭着"将无同"三个字就能够进入历史，好像是一个奇迹。其实，阮修以此三字成名，不是侥幸，而是有道理的。

道理何在？我们如果回顾一下儒家学说的主张，就可以知道，以孔子为首的儒家说了很多日常生活层面和伦理学说层面的道理，这些道理比较具象化、具体化，而没有多少抽象的思辨性。用子贡的话说，就是："夫子之文章，可得而闻也；夫子之言性与天道，不可得而闻也。"（《论语·公冶长》）孔子在《论语·阳货》里曾经说道"性相近也，习相远也"，这算是涉及一个抽象的范畴"性"，但是，仅此而已，没有进一步的阐释。当然，连子贡也知道"性与天道"的问题是存在的，那么，谈论"性与天道"就不是老子、庄子的专利，儒家也是有份的。这是一个大前提，也是阮修"将无同"的大前提。

在一定程度上说，魏晋玄学是对不够抽象的儒家学说进行抽象化处理的直接产物。理由很明显，儒学在东汉末年陷入衰退期，何晏、王弼等人都是以儒学起家的，他们要寻找提升儒学地位的路径，于是掐准了一点：儒学不够抽象，尤其是在"性与天道"之类的大问题上欠缺现成答案，留下了一个很大的发展空间，于是，借助对《周易》义理的研究去弥补（玄学家王弼有《周易注》传世），顺便旁及《老》《庄》（二者均讲"天道"），这就是何晏、王弼同时注《老子》等书的动力所在（《易》与《老》《庄》并称"三玄"，即儒家的经典与道家著作并列，这是"将无同"的基本依据）。换言之，玄学的兴起是儒学在魏晋时期寻求突破和发展的结果。

可是，随着研究的深入，尤其是在入世与出世的问题上，人们发现儒家的思想与老庄等道家的思想有着明显的区别；又由于魏晋政权的更替都出现得位不正的内情，掌权者为了维护权位，横行无忌，消灭异己，人人自危，人心惶惶，避世乃至出世的意识抬头，越来越成为一种带有时代特色的精神追求。于是，到了一定的时候，老庄思想与儒家思想的不同越发显露出来，"老、庄与圣教同异"就成了一个大问题。

对于王衍的这个问题，我们还要考虑到一个背景，即裴頠写《崇有论》就是批评王衍之徒只谈空无，不论世务，主张要回归儒学，特别提到"礼制弗存，则无以为政矣"；《晋书·裴頠传》强调一点，即裴頠对当时的"不尊儒术"（偏于《老》《庄》）极为不满，对何晏、阮籍等人"不遵礼法"尤为反感。在此语境之下，老庄与"圣教"之辩，就成了一个尖锐话题，而裴頠在跟王衍之徒论辩时还明显占了上风。王衍对此肯定是耿耿于怀的。

幸而，有一个阮修出来为王衍解困，其"将无同"三个字之所以令王衍大为赞赏，是因为这样一来，等于为玄学正名：谁说玄学与儒学是对立的？不，它们不仅不对立，还是同一阵线，否则，何以有"三玄"的说法呢？

阮修"将无同"三字，提示我们在考察儒学发展史时，不能忽视东汉末年至魏晋时期这一特殊的历史阶段。儒家与道家之不同，人所共知，毋庸置疑；可是，魏晋玄学之发生、发展与变异，则与儒学之求变有关，也与儒学之先天性缺陷即缺乏抽象思辨有关，"将无同"的说法并非诡辩，是以《易》与

《老》《庄》并称"三玄"为依据的。从"玄学发生学"的角度看，阮修是为当时不明玄学是如何产生的人们补了一课；从王衍所遇到的眼前窘境看，阮修的说法是回敬裴頠《崇有论》的一把利器。

7 〉裴散骑①娶王太尉女。婚后三日，诸婿大会，当时名士，王、裴子弟②悉集。郭子玄③在坐，挑与裴谈。子玄才甚丰赡，始数交未快④。郭陈张甚盛⑤，裴徐理前语⑥，理致甚微⑦，四坐咨嗟称快。王亦以为奇⑧，谓诸人曰："君辈勿为尔，将受困寡人⑨女婿！"（文学19）

‖ 释义

①裴散骑：即裴遐，字叔道，娶王衍第四女。以善言玄理闻名于世。曾任散骑郎，故称。

②王、裴子弟：指王氏家族、裴氏家族的子弟。琅邪临沂王氏是大族，而裴遐所属的河东闻喜裴氏也是大族（裴遐的祖父裴徽、父亲裴绰均有名）。

③郭子玄：即郭象，字子玄。以注释《庄子》著称于世，其书今传。

④始数交未快：开始时的数次交锋未算精彩。快，指快意，转义为精彩。

⑤陈张甚盛：指引经据典，言而有据，发挥得淋漓尽致。陈，指铺陈理据；张，指顺势发挥。

⑥徐理前语：不急不忙地将此前的话语重新梳理一遍。

⑦理致甚微：阐释义理的逻辑相当严谨，见解十分精微。

理，指义理；致，指阐述的逻辑。

⑧以为奇：认为（裴遐）有超常发挥，以之为"奇"。

⑨寡人：晋代士大夫有时以"寡人"自称，颇有时代特点。王羲之在《与人书》里也有同样用法（见《艺文类聚》卷九）。

‖ 释读

裴遐迎娶了王衍的女儿。婚后三日，趁着新婚女儿回门的日子，王衍让各位女婿回岳父家聚会；当时的名士，以及王氏家族、裴氏家族的子弟也都来了。座中有郭象，正好举行清谈，他专门挑新婚女婿裴遐为对手。郭象富有才华，学识渊博，他与裴遐交锋，刚开始不久，你来我往，未算精彩。随后，郭象引经据典，言而有据，发挥得淋漓尽致；而裴遐不急不忙地将此前的话语重新梳理一遍，阐释义理的逻辑相当严谨，见解十分精微。在座的人都嗟叹不已，连连称快。王衍听后，也觉得裴遐的表现有超常发挥，对在座众人说："你们不要随便挑战，只要论战起来，将会受困于我的女婿！"

这段文字的一个关键点是"挑与裴谈"，即选择论辩的对手。可见，郭象与裴遐的清谈带有辩论赛性质，话题大概是玄学的问题，双方围绕某个问题展开对抗性的论辩，互有攻防，但是，有时沉闷，有时痛快，所谓"始数交未快"属于前者，所谓"四坐咨嗟称快"属于后者。看来，对于看客们而言，一场这样的清谈是否成功，"快"即痛快惬意，是一个决定性的指标。

就结果看，裴遐占了上风，连郭象这般的高手也赢不了他，难怪作为岳父的王衍喜形于色。他为这场辩论赛做了一个结束语，虽说是开个玩笑，但也借机炫耀了王氏家族的人才济济。

在一个本来是其乐融融的场合里，王衍竟然会说"君辈勿为尔，将受困寡人女婿"，如此霸气，若照《周易》之理来判断，他必定是"亢龙有悔"。他为人高调，不可一世，难怪山涛当年一眼就看出"误天下苍生者，未必非此人也"（《晋书·王衍传》）。言为心声，言语可作观察人之内心的依据，大概山涛早就有这样识人的本事。

8 王夷甫尝属族人事①，经时未行②，遇于一处饮燕③，因语之曰："近属尊事，那得不行④？"族人大怒，便举樏⑤掷其面。夷甫都无言，盥洗毕，牵王丞相⑥臂，与共载去。在车中照镜语丞相曰："汝看我眼光，乃出牛背上⑦。"（雅量8）

|| **释义**

①属（zhǔ）族人事：嘱咐族人做事。属，通"嘱"。

②经时未行：经过一段时间还没有做成。

③饮燕：饮宴。燕，通"宴"。

④那得不行：意为是哪里为难而没有做成。

⑤举樏（lěi）：举起盛放食物的方形扁盒。樏，方形扁盒，中有隔，可以盛放多种食物。

⑥王丞相：即王导，入东晋后曾任丞相，故称。

⑦乃出牛背上：眼光出于牛背之上（不会只是盯着眼前拉车的牛背），意为眼光超迈，不与一般人计较。

|| **释读**

王衍曾经嘱咐某族人做事，过了一段时间还没有做成，后

来在一个宴会上相遇，王衍问此人："前些时候曾经拜托的事情，是哪里为难而没有做成呢？"族人听后大怒，顺手举起眼前盛放食物的方形扁盒兜头掷向王衍的脸。事已至此，王衍一句话也没再说，赶紧去盥洗处梳洗一番，拉着王导的手臂往外走，一起乘坐牛车离开。在车中，王衍边照着镜子，边对王导说："你看，我的眼光不会只盯着眼前拉车的牛背啊。"

刘孝标对此加了一条按语："王夷甫盖自谓风神英俊，不至与人校（较）。"这是"魏晋风度"的一种表现。

其实，王衍内心还是想着刚才发生的一切，否则，要是不与一般人计较，干脆连"汝看我眼光，乃出牛背上"这样的话也不必说，说了就表明还是在乎。故《晋书·王衍传》提到这件事时说"（王）衍初无言，引王导共载而去，然心不能平"。史学家看事情还是别有眼光的。

刘孝标的那一条按语中值得注意的是"自谓风神英俊"一句，这是王衍十分高傲也相当自恋的表现；他还颇为矫情，比如，故作清高，绝口不说"钱"字，代之以"阿堵物"（那个东西）。诸如此类，说明王衍的"自谓风神英俊"，是带有自我表演成分的。他很注意保持形象，就算忍下一口恶气也不能失态，这才是遭受侮辱之后"夷甫都无言"的内心秘密。至于"不至与人校（较）"，不是心胸宽广，而是要将"风神英俊"的美好形象进行到底。

当然，族人为何不帮忙做事，王衍交代他去做什么事，均不得而知；只不过，这类事情大概并不光彩，否则，王衍就不会以"那得不行"这样的语气来过问；再说，如果是光彩的事情，足以令族人脸上有光，此人也就不会有那么激烈的、爆发式的反应。

解读这类小故事，需要有辩证思维，同时也应回归常识。所谓洞明世事，往往不出常识范围。

9▷王夷甫与裴景声①志好不同。景声恶欲取之②，卒不能回③。乃故诣王④，肆言极骂，要王答己，欲以分谤⑤。王不为动色，徐曰："白眼儿⑥遂作。"（雅量11）

|| **释义**

①裴景声：即裴邈，字景声。出身河东闻喜裴氏家族，是裴颜的从弟。官至左司马。

②恶（wù）欲取之：内心厌恶（王衍）打算征召自己。取，此指征召、录用。恶，厌恶，不情愿。

③卒不能回：终究不能改变。卒，终究。回，改变，转变。

④诣王：意为造访王衍。诣，造访，拜会。

⑤欲以分谤：（希冀王衍回骂）引来恶评以便让王衍一起分摊。

⑥白眼儿：对裴邈的蔑称。意为裴邈不待见自己，翻白眼。

|| **释读**

王衍、裴邈二人志趣不同。裴邈得知王衍想录用自己，内心极不情愿，但终究不能打消王衍的念头。于是，他想出一个招数，故意拜访王衍，见面就骂，骂得很凶，声言要王衍回应；希望王衍当即回骂，引来恶评以便让王衍一起分摊。没承想，王衍不动声色，随后慢条斯理说了一句："白眼儿终于来这一手。"

刘孝标注引《晋诸公赞》说裴邈"少有通才，从兄（裴）颜器赏之，每与清言，终日达曙"，可知裴邈也是一位清言高手。王衍明知裴邈出身河东闻喜裴氏家族，是裴颜的从弟，裴颜与自己不是同路人，何以固执地要录用裴邈呢？其中必有盘算，具体如何，不得而知，起码从表面看，王衍提倡清言，意图将裴邈招致麾下，壮大王衍之徒的声威。

裴邈的从兄裴颜向来对王衍抱有看法，甚至极为不满，写《崇有论》加以攻击；裴邈厌恶王衍，除了自己的日常观察外，可能也大受其从兄的影响。反正裴邈对王衍的录用不仅不感兴趣，而且视之为耻辱，本来表示过不愿意，可王衍执意要他，还表示要定了，裴邈推也推不掉，这是"卒不能回"的内情。情急之下，裴邈想出了一个自以为是绝地反击的妙招，干脆到王衍家大闹一场，将王衍骂得狗血淋头，从此撕破脸皮，一拍两散；最好是王衍也恶言相向，大出其丑，就算别人说什么坏话，也要王衍来分摊。这可以看出裴邈的决绝态度。

可王衍毕竟是王衍，姜还是老的辣，王衍面对裴邈的发难，若无其事，喜怒不形于色，裴邈犹如一记重拳打了一个空，大出意外，完全收不到绝地反击的效果。

王衍"不为动色"，不是真的不动气，只是极力掩饰而已。掩饰，是"魏晋风度"的基本要素。他要维护名士的形象，维护清言家的本色，维护不计较的风度，所以，裴邈就算骂得再难听，王衍始终不开金口。不过，掩饰还是有限度的，一句"白眼儿"，多少流露出王衍内心的波澜。

10 ▶ 王夷甫长裴成公四岁，不与相知。时共集一处，皆当时名士，谓王曰："裴令令望①何足计！"王便卿裴②。裴曰："自可全君雅志③。"（雅量12）

‖ **释义**

①裴令令望：裴楷有好的声望。裴楷曾任中书令，故称。令望，好的声望，高名。裴楷是裴颜的同宗长辈，中朝名士之一。

②卿裴：以"您"称呼裴颜。卿，在平辈间使用，意为"你"；在社交场合使用，意为"您"。此处的"卿"，属于后者。

③全君雅志：成全阁下的雅意。

‖ **释读**

王衍比裴颜年长四岁，二人不相投，没有交情。有一次，一群名士聚会，王衍、裴颜均在场，有人对王衍说："裴令享有高名，也并非高不可攀吧。"王衍听毕，于是跟裴颜打招呼，以"您"相称。裴颜见状，礼貌地回应道："阁下有此雅意，我自当成全。"

其实，王衍与裴颜有一层特殊关系：裴颜是王戎的女婿，王戎又是王衍的从兄，他们不会没有交集，但"不与相知"，完全是出于私人原因（裴颜推崇儒学，王衍标榜玄学，政治姿态与学术思想差异明显）。可以想见，在"共集一处"的社交场合里，二人见面，彼此冷漠，颇为尴尬，有好事者想调停二人关系，绕了一个弯，拿裴颜的长辈、著名的裴楷来说事。

裴楷地位高，名气也高，年少时就与王衍的从兄王戎齐名，人们都说"裴楷清通，王戎简要"，总是将二人并论。可王衍与裴楷有过一件不大愉快的往事，据《晋书·裴楷传》记载，裴楷病重，处于弥留之际，当时身为黄门郎的王衍奉命前往病榻照料，裴楷眼睛定定地看着王衍，说："竟未相识。"临终前的裴楷身处高位，作为晚辈的王衍不免曾经有过高不可攀的感觉。

在聚会现场，好事者为了缓和王衍与裴頠的紧张关系，说出"裴令令望何足计"的话，这是相当机灵的，也是了解内情的人才说得出；若不明就里，或许觉得此话有些无厘头，但是知道故事的人就会听出言外之意，而王衍本人当然知道这位好事者的用心。

果然，王衍给了好事者面子，跟裴頠打招呼，这就是"王便卿裴"的由来。裴頠也借驴下坡，有所回应，以"君"相称，不卑不亢。

其实，论年岁，"王夷甫长裴成公四岁"的说法是错的，一直没有人指出。王衍生于魏高贵乡公甘露元年（256），他总角即未成年时在京师尚可见到"竹林七贤"之一的山涛（见《晋书·王衍传》及《世说新语》识鉴门第五则）；至于裴頠，他死于晋惠帝永康元年（300），与他同年死去的有贾后，《晋书·裴頠传》写得十分清晰：裴頠与赵王司马伦不和，司马伦"因废贾后之际遂诛之，时年三十四"。于是，从300年倒推34年，可知裴頠的生年是晋武帝泰始三年（267）。一比对，可知王衍年长裴頠十一岁，约数可称十岁。故"王夷甫长裴成公四岁"当是"王夷甫长裴成公十岁"之误。

年长十岁的王衍称呼裴頠为"您"，似乎很礼貌，但又很矫情。这就对了，此乃王衍"风神英俊"的一贯做派！

11 王戎云："太尉神姿高彻①，如瑶林琼树②，自然是风尘外物③。"（赏誉16）

释义

①神姿高彻：神态仪容高俊非凡。神，神态，气度；姿，仪容，仪表。

②瑶林琼树：仙界玉树。瑶林，瑶台之林，即神仙境界。

③风尘外物：指脱离凡俗之人。风尘，喻凡俗，尘世。

释读

王戎评论说："王衍其人，神态仪容高俊非凡，犹如仙界玉树，自然是脱离凡俗之人。"

王衍待人处事，其做派一向是刻意脱俗，显得清高和孤高，与众不同，颇有鹤立鸡群之概。

王戎对其从弟的品题，固然是想拔高王衍的名望，扩大琅邪王氏家族的影响。当时注重门阀，家族声望是一种无形资本，可以在社会上、政坛上兑现很多东西。王戎以其"竹林七贤"之一的身份为从弟王衍提高身价，自是在情理之中了。

刘孝标注引《名士传》："（王）夷甫天形奇特，明秀若神。"这可以与王戎的评语形成互文关系。刘孝标又引《八王故事》："石勒见夷甫，谓长史孔苌曰：'吾行天下多矣！未尝见如此人，当可活不（否）？'（孔）苌曰：'彼晋三公，不为我用。'勒曰：'虽然，要不可加以锋刃也。'夜使推墙杀之。"这个故事有一点很特别，说的是杀人如麻的石勒，为了让"明秀若神"的王衍死得不太难看，不杀头，改用"夜使推墙杀之"的方式，而且时间选择在夜里而不是白天。连石勒都说"未尝见如此人"，可见王戎的评语也不是随便说的。

有点仙气的王衍，本应不属于政治，可是，不与政治发生关系，王衍就不可能成为太尉。所以，王衍是分裂的，似乎存在两个王衍，一个是王戎所点评的"自然是风尘外物"的王衍，一个是被石勒"推墙杀之"的王衍。

12> 王平子目太尉："阿兄形似道①，而神锋太俊②。"太尉答曰："诚不如卿落落穆穆③。"（赏誉27）

‖ 释义

①形似道：意为外在的行为举止似乎符合道家风范，即王戎所说"自然是风尘外物"。

②神锋太俊：意为神情颇见锋芒，有一股英气。

③落落穆穆：疏淡平和、不通世故的样子。

‖ 释读

王澄对王衍说："阿兄外在的行为举止似乎符合道家风范，而神情颇见锋芒，有一股英气。"王衍回答道："真的不如你疏淡平和、不通世故的样子。"

刘孝标注引王隐《晋书》："（王）澄通朗好人伦，情无所系。"王澄与王衍性格不同，后者矫情，而前者随性。王澄的随性，最出名的是《世说新语》简傲门第六则所记载的故事：他出任荆州刺史，王衍与众人前来送行，刚好见到一棵大树上有一鹊巢，在众目睽睽之下，王澄竟然自个儿上树掏鸟窝，下得树来，手中玩弄着小鸟，"神色自若，旁若无人"。这大概就是王衍眼中的"落落穆穆"。

事实上，知兄莫若弟，王澄的说法比王戎来得准确。在王澄心目中，其兄根本不是"风尘外物"，顶多算是样子有点像而已；"阿兄形似道"，重点在一个"似"字，王澄此字用得十分到位，"似"并非"是"。

王澄的评语是对王戎评语的一种更正。

13 王夷甫容貌整丽①，妙于谈玄，恒捉白玉柄麈尾②，与手都无分别。（容止8）

释义

①整丽：整洁鲜丽。

②麈（zhǔ）尾：魏晋名士谈玄时常用的风雅之物，类似掸子，可以拂尘，也可以扇风，把柄多为木质。"白玉柄麈尾"应是贵重品。麈，鹿尾巴。

释读

王衍容貌整洁鲜丽，谈玄时妙语如珠，总是手持白玉柄麈尾，那白玉柄跟他白净的手浑然为一。

魏晋名士多以正始年间的何晏为榜样。何晏肤色白净，又服用五石散，使得皮肤更加光滑细嫩，故"容貌整丽"是名士们追求的标配，看来，王衍是达标的。一个"丽"字，折射出一个时代男士的身体美学。

王衍尚白，皮肤白，麈尾的把柄也是白玉所做，似乎一个"白"字配上一个"丽"字，可以散发出一股飘逸的仙气。尤其是在谈玄之时，谈论的是渔父之辞和出世之道，飘然远举，弦外有音，宇宙纳于芥子之内，心绪寄乎瀛洲之外，那一种内在的意境与整洁鲜丽的外形正好相配，活像一幅顾恺之笔下的洛神图。

《世说新语》容止门第十七则记载了一条王敦对王衍的评语："王大将军称太尉'处众人中，似珠玉在瓦石间'。"说王衍似珠玉，细腻温润。联系"王夷甫容貌整丽"的说法，可知王敦的评语大致不差。

14 > 王夷甫妇①郭泰宁②女，才拙而性刚，聚敛无厌，干豫人事③。夷甫患之而不能禁。时其乡人幽州刺史李阳④，京都大侠，犹汉之楼护⑤，郭氏惮之。夷甫骤⑥谏之，乃曰："非但我言卿不可，李阳亦谓卿不可。"郭氏小为之损⑦。（规箴8）

‖ **释义**

①王夷甫妇：王衍妻子郭氏。

②郭泰宁：王衍岳父郭豫，字泰宁，太原人，官至相国参军，早卒。

③干豫人事：干预人事安排（从中敛财）。

④李阳：晋武帝时为幽州刺史。高平（今山东巨野）人，故称之为王衍乡人。

⑤汉之楼护：汉代人楼护，字君卿，齐国人。善于与人结缘，为人讲究信用，当时享有很高名望。官至天水太守。事见《汉书·游侠传》。

⑥骤：屡次，多次。

⑦小为之损：稍微收敛。损，意为减少、收敛。

‖ 释读

王衍妻子郭氏，是郭泰宁之女，缺少才干而性情霸道，贪得无厌，聚敛甚多，且干预人事安排，从中获利。王衍生怕出事而又禁止不了。当时，与王衍有同乡之谊的李阳，出任幽州刺史，有"京都大侠"的威名，人们将他比作同是山东人而名气也很大的汉代楼护，郭氏有些怕这位李阳。王衍屡次规劝妻子也不见奏效，于是说狠话："不只是我说你不该那样做，李阳也说你不该那样做。"郭氏听后才有所收敛。

这则故事与王戎所谓"风尘外物"适为反衬，原来，貌似仙气十足的王衍有一个俗不可耐的妻子，而且还不是一般的庸劣，是一个连丈夫也怕了她的狠角色。一句"患之而不能禁"，说明王衍很长时间是拿她没办法的，这可以与下文"夷甫骤谏之"联系起来读，一而再，再而三地加以规劝，可王衍就算费了那么多唇舌，郭氏还是不把丈夫的话当一回事，只当作耳边风。表面上"神姿高彻"的王衍，原来在家里是如此不中用。

郭氏出现在读者的视野里，王衍的形象便顿时立体起来，王衍一下子"接了地气"。郭氏仗着丈夫有权有势，趁机敛财，不失一切机会获利，甚至要干预公务。"聚敛无厌"四字，说明她真的左右逢源，财源滚滚，而且，王衍也逃不了干系，否则，郭氏何来这么多的财富呢？

看到情势越来越严重，再不收拾，就难以收拾了，王衍这才搬出那位李阳，借李阳的威势吓唬吓唬郭氏，说了一番狠话，让郭氏有所忌惮。大概也是知妻莫若夫，王衍知道郭氏对李阳有所敬畏，将李阳的话当作圣旨一般，这才使得郭氏收敛了一些。不过，是"小为之损"而已，看来郭氏对李阳的敬畏也是有限的。

我们不知道郭氏为何敬畏李阳，其中必有故事，只是《世说新语》没有提及，刘孝标也不大清楚。刘孝标的注只是一般性地介绍了李阳、楼护为何许人，没有为读者释疑，即并无材料说明郭氏忌惮李阳的原因。这只能留下一个让读者想象的空间了。

15> 王夷甫雅尚玄远①，常嫉②其妇贪浊，口未尝言"钱"字。妇欲试之，令婢以钱绕床，不得行。夷甫晨起，见钱阂行③，呼婢曰："举却阿堵物④。"（规箴9）

|| **释义**

①雅尚玄远：推崇玄奥悠远的学理。

②嫉：嫉恨。

③阂（hé）行：妨碍走动。阂，阻碍；行，走动。

④举却阿堵物：搬走那个东西。举却，搬走；阿堵，口语，表处所，即"那边的"（此指床以外的处所），今珠三角地区粤语尚存；物，此指围绕在床边的钱。

|| **释读**

王衍向来推崇玄奥悠远的学理，自命清高，常常嫉恨其妻郭氏贪钱，满身俗气，于是，不曾说出一个"钱"字。郭氏想出了一个小把戏，令家中婢女用钱将王衍的床围了一圈，让王衍走不

出这个钱阵，看看王衍怎么说。王衍早上起来，见此阵势，走都走不出去，就喊婢女过来，说："赶紧搬走阿堵物。"

成语"口不言钱"，即出自这个故事。

王衍向来矫情，很自觉地维护清高形象，连在家里也是绝口不提一个"钱"字。极为讽刺的是，其妻郭氏格外贪钱，借助王衍手中的权势去大肆敛财，这些都是在口不言钱的王衍的眼皮底下做出来的。

看来郭氏颇有个性，很会恶作剧，亏她想得出来，竟然出此一招，为难丈夫，想看看丈夫如何破解。这是一个很有戏剧性的场面，也是一幕家庭小喜剧。

王衍一看如此这般的阵仗，脑筋灵活，反应极快，一下子知道是郭氏在戏弄自己。他也不愿输在妻子手下，于是，用"阿堵物"代指，避免提及"钱"字，也算是脑筋急转弯的极好案例。

16▷ 王平子年十四五，见王夷甫妻郭氏贪欲，令婢路上儋粪①。平子谏之，并言②不可。郭大怒，谓平子曰："昔夫人③临终，以小郎④嘱新妇⑤，不以新妇嘱小郎！"急捉衣裾⑥，将与杖。平子饶力⑦，争得脱，逾窗而走⑧。（规箴10）

‖ **释义**

①儋（dān）粪：挑粪。儋，通"擔"（担）。

②并言：连忙说。

③夫人：此指郭氏的婆婆，王澄之母。

④小郎：即小叔子，指王澄。

⑤新妇：郭氏自指（初结婚时）。

⑥衣裾（jū）：衣襟。裾，衣服的大襟。

⑦饶力：有力，力大。

⑧走：跑掉。

释读

王澄十四五岁时，眼见其嫂子郭氏贪欲过度，甚至令家里的婢女将路边的粪便挑走（以作别用），王澄看不过眼，规劝嫂子，说不能干这样的事。郭氏大怒，很生气地对王澄说："当日老夫人临终前，吩咐我要照管好小叔，不是要小叔来管嫂子！"说着，急忙间一手捉住王澄的衣襟，正要抄起木棍打过去；幸亏王澄力气大，身手敏捷，一下子挣脱开来，爬窗而出，跑掉了。

王澄身手敏捷是出了名的，有一次，他一下子就爬到树上去掏鸟窝，树枝勾住他的衣服，干脆顺势脱衣而下（《世说新语》简傲门第六则）。这样一个小伙子，郭氏哪里是他的对手。

这个故事的一个看点是郭氏不仅贪钱，而且爱占小便宜，连路边的粪便也不放过。尽管没有说她让婢女"儋粪"具体要做什么，但难脱损人利己之嫌，王澄觉得丢脸，才出面干预。结果，演了一出叔嫂小闹剧。

不差钱的郭氏，做得如此下作，只能说是天性使然。她很"务实"，在利益面前力求"滴水不漏"，一点一滴都不放过。可她的丈夫王衍，喜欢"务虚"，好像不食人间烟火似的。一个极端"务实"，一个极端"务虚"，可谓绝配。

在晋朝历史上，王衍是反面人物，此乃定论。

可此人异常复杂，其内心是一个丰富的宇宙，了解他，思考他，会增进对世情的认知，对人性的理解。

像王衍这类人物，初一看，会觉得极有吸引力，甚至可说是魅力四射，气场很强，令人感兴趣，也叫人着迷。他外形好，有内涵，言行举动，一招一式，都很有范儿；妙语如珠，口才极佳；摇动麈尾，风神飘逸；所讲的内容，超越尘网，不染俗气，比心灵鸡汤更令人动心。他并非不学无术，而是很有学问，满腹经纶，讲论头头是道。他不是浪得虚名，曾几何时，得到当时的著名人物如山涛、王戎等"竹林七贤"的垂注，年纪轻轻就已经名播京师，在洛水边畅所欲言，放言高论，自感得意，也备受赞誉。

如果王衍保持清高，不入官场，或许他还可以做一个时代的学界领袖，接受年轻学子的膜拜，得到一般民众的景仰，还可以心安理得地为人师，培养出一批"王衍之徒"，在晋代学术界造成广泛影响。

坏就坏在他要在官场里大显身手，不仅眼中无彭城王，还要采取"狡兔三窟"之策，自己在京师，安排其弟王澄镇守荆州，安置族弟王敦出守青州，形成王氏家族的势力范围，时刻准备，伺机而行，胆子很大，心眼很多，大有视司马氏江山如囊中之物的野心。

尤其不堪的是，王衍将清谈挂在嘴边，而于军国大事毫无根底，说得多，做得少，甚至不会做；东海王司马越病死前将军队交给王衍，他竟然束手无策，面对外敌，一败涂地，并且做了阶下囚，葬送了西晋王朝的一片江山。虽说"清谈误国"的说法有其简单化和片面性，但是，清谈高手王衍不是治国之才，却是可以肯定的。

王夫之在《读通鉴论》卷十七里评论"读书亡国"的梁元帝，说虽是"读书万卷"，但梁元帝"义不能振，机不能乘"，所读之书，不得其要领，"得纤曲而忘大义，迷影迹而失微言"，结论是："无高明之量以持其大体，无斟酌之权以审于独知，则读书万卷，止以导迷，顾不如不学无术者之尚全其朴也。"（王夫之《读通鉴论》，中华书局，2013年，第493—495页）这些话，移评同样好读书的王衍，也是适用的。

"读书万卷，止以导迷"，这是很要命的。以一己之聪明，求一己之私利；说则天花乱坠，做则无从施行，关键是没有家国情怀，没有民生关切，没有舍己为人的宏愿，于是，那些读过的书只能将人引向迷乱而不知方向，这对于一个进入官场的知识分子而言，犹如自己跟自己打起迷踪拳来，最后连自己的性命也迷了进去，终至于稀里糊涂，呜呼哀哉。

这是王衍一生深刻的教训，也是其最大的悲剧。

四 庾敳

庾敳（ái）（262—311），字子嵩，西晋颍川鄢陵（今河南许昌鄢陵县）人。生活于"王室多难"之际，自知"天下多故，机变屡起"，遂以"静默无为"处世，于《庄》《老》之义多有领悟（《晋书·庾敳传》）。与之可作对比的是，其父庾峻"潜心儒典"，不满"重《庄》《老》而轻经史"的风气，认为此风不可长，否则就会导致"雅道陵迟"，即儒学的衰败（《晋书·庾峻传》）。由此可知，学术风气的形成与转变跟特定的政治环境有密切关联。

庾敳得到东海王司马越的赏识，曾任东海王太傅军事，转军谘祭酒。不过，在东海王的众多幕僚中，庾敳比较内敛，不喜欢出风头，"常自袖手"，而不求表现。官至豫州长史。

庾敳"纵心事外"及"雅有远韵"，反而赢得"重名"，并且"为缙绅所推"，成为名重一时的人物。不幸的是，石勒之乱中被害，时年五十。

1 庾子嵩读《庄子》，开卷①一尺许便放去，曰："了不异人意②。"（文学15）

|| **释义**

①开卷：打开书卷。当时的书采用卷轴装。

②了不异人意：意为跟我的想法没有不同。了不，二字连用，是魏晋时口语，意为"全不"。人意，此指自己的见解和想法。庾敳为人不喜欢任事，本就自有远韵，这样的人生观念与《庄子》的思想暗合，故说"了不异人意"。

|| **释读**

庾敳读《庄子》，翻开书卷，大约读了有一尺多长就放下来，说："全跟我的见解和想法没有不同。"

庾敳这番话说得很自负，可能也是实情，即他早有超脱之心，而《庄子》里面多讲逍遥之义，二者颇为相通；大概《庄子》里的话语都说到庾敳的心坎上了，庾敳与之产生了共鸣：好像《庄子》早已知道我的想法似的，而我的心里早就有了，只是《庄子》代我说出而已。

刘孝标注引《晋阳秋》，此书记录了庾敳的一段话："昔未读此书（指《庄子》），意尝谓至理如此。今见之，正与人意暗同。"这是"了不异人意"的另一种说法。

为何庾敳那么自负呢？其实，庾敳对历史上知识分子遭遇祸患的事例比较敏感，比如，他对西汉贾谊的故事相当熟悉，也熟读贾谊的《鵩鸟赋》。《鵩鸟赋》是贾谊谪居长沙时所作，抒发了自己忧愤自伤的情绪，表达出对"吉凶莫辨"的恐惧，并以老庄的"齐生死""等祸福"的观念寻求自我解脱。司马迁在《史记·屈原贾生列传》的末尾发表读后感说："读《鵩鸟赋》，同死生，轻去就，又爽然自失矣。"换言之，对于身处祸患之中的知识分子来说，能够使自己的忧愁"爽然自失"即烟消云散的往往是《老》《庄》哲学，贾谊如此，司马迁也是如此。而庾敳"见王室多难，终知婴祸，乃著《意赋》以豁情，犹贾谊之《鵩鸟》也"（《晋书·庾敳传》），这就说明庾敳对于"生死祸福"是有自己的思考和见解的，且与贾谊及其在《鵩鸟赋》里所表达的思想相通，跟《庄子》哲学有一定的对应关系。

魏晋名士都熟读《庄子》，可能够说出《庄子》此书"了不异人意"的唯有庾敳。仅此一句，就足以写进《庄子学史》里了。

2 ▷ 庾子嵩作《意赋》成，从子文康①见，问曰："若有意邪，非赋之所尽；若无意邪，复何所赋？"答曰："正在有意无意之间。"（文学75）

‖ **释义**

①从子文康：即庾敳的同宗侄子庾亮（庾琛之子）。"文康"是庾亮死后的谥号。

‖ **释读**

庾敳作《意赋》，已脱稿，他的同宗侄子庾亮见到了，问他："如果有了意绪，岂是一篇赋所能够写得尽的？如果并无意绪，那么写赋又是所为何来呢？"庾敳答道："妙就妙在有意无意之间。"

庾敳的回答相当通脱，没有陷入庾亮所设定的语言陷阱，也避开了一个在当时人们经常纠缠不清的话题。

庾亮说"若有意邪，非赋之所尽"，是持"言不尽意"论。在晋朝的清谈里，"言尽意"与"言不尽意"是两个针锋相对的话题，各有阵势，互有论难，并无共识。其问题的焦点在于：语言与思维到底是互相匹配的还是不匹配的。"言尽意"论认为是匹配的，有多少意就相应地会有多少言；但"言不尽意"论认为二者是不能够匹配的，言有限而意无穷。而庾敳为人通脱，思路灵活，采取模糊说法，他的"正在有意无意之间"与庄子经常使用的相对主义论调刚好吻合。

刘孝标注引《晋阳秋》："（庾）敳见王室多难，知终婴其祸，乃作《意赋》以寄怀。"此语《晋书·庾敳传》也引用。可知庾敳作《意赋》并不是写得很轻松的。《晋书·庾敳传》还特地收录了《意赋》里的文字，大意是求取自我释怀之道，故而说"至理归于浑一兮，荣辱固亦同贯"，和光同尘，无是无非，荣即是辱，辱即是荣。毕竟，庾敳读《庄子》，觉得"了不异人意"；这一篇《意赋》，其意态就与《庄子》无异。

《晋书·庾敳传》录庾敳回答庾亮的话作"在有无之间耳"，可视为庾敳留在世间的妙语和名言。从艺术角度看，所谓"在有无之间耳"可能会令艺术家产生灵感，寻找到富于弹性的艺术空间。但是，这种类似于"无可无不可"的模糊姿态，若用于处理人际关系，可能会变得滑头；若用于做学术研究，或科学探究，则模糊了是非，是有害而无益的。

3 ▶ 王太尉不与庾子嵩交①，庾卿之不置②。王曰："君不得为尔③。"庾曰："卿自君我④，我自卿卿⑤。我自用我法，卿自用卿法。"（方正20）

|| **释义**

①交：此指深交（不是一般意义上的交往）。

②卿之不置：意为以"卿"称呼王衍，一直不改口。卿，第二人称代词，是对对方的随便称呼，相当于"你"，不够庄重、正式；古人很重视社交场合里的称谓，过于随便，是不礼貌的。此处活用作动词。不置，不已，不止。此处转义为一直不改口。

③为尔：意为做这样的事（指不礼貌地使用"卿"的称呼）。尔，如此。

④卿自君我：意为你称呼我为"君"，也随你的便。君，第二人称代词，是对对方的礼貌称呼，相当于"您"，比较庄重、正式。此处活用作动词。

⑤我自卿卿：意为我就是喜欢以"卿"来称呼你。第一个"卿"活用为动词；第二个"卿"，是第二人称代词。

|| **释读**

王衍不愿与庾敳结为深交，庾敳于是每次见到王衍都以"你"来称呼，一直不改口。王衍说："您不应该这样做啊！"庾敳回应道："你称呼我为'君'，也随你的便。我就是喜欢以'卿'来称呼你。我用我本人的称呼法，你用你自己的称呼法。"

王衍与庾敳的关系，比较有意思。据《晋书·庾敳传》，王衍当初听到庾敳读《老》《庄》，说"正与人意暗同"，对庾敳另眼相看，"太尉王衍雅重之"，可见，王衍本来对庾敳是大有好感的。论年龄，王衍生于魏高贵乡公甘露元年（256），庾敳生于魏元帝景元三年（262），二人相差六岁，而王衍居长。论职位，庾敳远远不如王衍，王衍位极人臣，而庾敳官至豫州长史而已。按说，就以上情况而言，庾敳没有多少理由鄙视王衍。

在当时，王衍被誉为"一世龙门"，多少人希望能够得到王衍的青眼，获得王衍的好评，便足以借此平步青云，跳跃龙门。可以说，巴结还恐没有机会，何以敢"卿之不置"？庾敳反其道而行之，真是一件怪事。

问题的关键是"王太尉不与庾子嵩交"。其间，二人发生过什么事情，史无明文，不得而知。王衍尽管对庾敳曾经颇为雅重，但是，不愿与之深交，除了性格的原因之外，可能与二人政治态度有别不无关系。

庾敳在政坛上"常自袖手"，谨慎自保，不求表现，得过且过。而王衍积极筹备属于自己的政坛生力军，如刻意提拔自己的亲弟弟王澄和族弟王敦，委以重任，分别让他们镇守都是军事要地的荆州和青州，而自己在京师，自称"足以为三窟矣"，其"司马昭之心"，"识者鄙之"（《晋书·王衍传》）。我们不知道庾敳是否在此识者的范围之内；如果在其中，就可以说明他"卿之不置"的理由；如果不在其中，那么，就会有其他让庾敳"卿之不置"的理由。总之，从庾敳对王衍的态度看，二人走不到一起，政治原因恐怕是主要的。反过来，既然庾敳不选择站在自己的一边，王衍也就有"不与庾子嵩交"的内情。

4 刘庆孙①在太傅府②，于时人士，多为所构③。唯庾子嵩纵心事外④，无迹可间⑤。后以其性俭家富⑥，说太傅令换千万⑦，冀其有吝⑧，于此可乘。太傅于众坐中问庾，庾时颓然⑨已醉，帻坠几上⑩，以头就穿取⑪，徐答云："下官家故可有两娑千万⑫，随公所取。"于是乃服。后有人向庾道此，庾曰："可谓以小人之虑，度⑬君子之心。"（雅量10）

▏▏ 释义

①刘庆孙：即刘舆，字庆孙。曾任东海王司马越的左长史，深得司马越信任。其弟刘琨镇守并州，就是刘舆说服司马越后所任命的，可见其影响力（事见《晋书·刘舆传》）。

②太傅府：指太傅东海王司马越的府邸。

③多为所构：指被（刘舆）构陷的人很多。构，设计陷害。

④纵心事外：指庾敳心不在时政之内，而在时政之外。

⑤无迹可间（jiàn）：指抓不到把柄。间，动词，侦察，侦伺。

⑥性俭家富：指生性俭朴而家里富裕。

⑦换千万：即借一千万。换，借，是方言用语。

⑧冀其有吝：希冀（他）显出为难而不乐意的神情。吝，此处指为难、不乐意。

⑨颓然：神志不清的样子。

⑩帻（zé）坠几上：意为（因喝醉）头巾脱落在几案之上。帻，古代男子的头巾。

⑪以头就穿取：意为将头伸过去靠近头巾、趁势穿上。就，靠近。

⑫两娑（sà）千万：即两三千万。娑，是"三"字的重读，方言口语。

⑬度（duó）：揣度。

释读

刘舆在太傅东海王司马越的府邸，与司马越交谈时对当时的知名人士多有政治构陷，唯独一直抓不到庾敱的任何把柄，原因是庾敱心不在时政之内，而在时政之外，无迹可寻。后来他想出一个主意：庾敱生性俭朴，可其家富有，他说服司马越开口向庾敱借一千万，想必庾敱会舍不得而面露为难之情，于此找到整庾敱的借口。司马越听从刘舆的计谋，在大庭广众之下问庾敱借钱，此时，庾敱正喝得烂醉，似乎有点神志不清，昏昏欲睡，头伏在几案之上，头巾脱落，听闻司马越发话，一时提不起头来，可又不得不回话，于是，将头伸过去靠近头巾、趁势穿上，一字一句，徐徐回答："下官家里本来就有两三千万，主公随便取走就是了。"听得此言，大家都佩服庾敱真的是"纵心事外"，无意得失。过后，有人悄悄向庾敱道出实情，庾敱说："可谓以小人之虑，度君子之心。"

这一段文字，具有故事性和戏剧张力。

在整个故事中，刘舆是关键人物。此人名头响当当，与弟弟刘琨（字越石）齐名，《晋书·刘舆传》说京师洛阳流传着一句话："洛中奕奕，庆孙、越石。"兄弟俩曾被视为一代精英。刘琨是历史上的一位正面人物，是著名的军事家和文学家，在抗击北方少数民族南下时名留青史。可他有一个极为小人的兄长，刘舆为人阴险而狠毒，虽说有才干，但是心地阴暗，以构陷他人为乐事，没事也要找事去整人，可谓生性卑劣，人格败坏。兄与弟，反差极大。

故事开头，说"刘庆孙在太傅府，于时人士，多为所构"，说明在西晋的政治环境里，在八王之乱的酝酿和发展变化过程中，如何投靠山头，如何找寻攻击目标，如何排挤他人，是当时的官场病毒，弥漫着，扩散着，乌烟瘴气，难以收拾。于是，有识之士如庾敳等，主观上只能"纵心事外"，袖手旁观，小心谨慎，低调度日。可是，尽管如此，也不得安生，人家总要有事无事找麻烦，哪怕是鸡蛋里挑骨头也要弄出一些事儿来，让你难受，让你丢脸，让你下不了台。庾敳面对的就是这样凶险的环境。

庾敳已经够小心翼翼了，可刘舆还是不放过他，因为庾敳很有名，对自己是一种威胁，一定要想方设法除掉而后快。刘舆苦思冥想，终于想出一记阴招，让司马越向庾敳借钱，而且数额巨大。想必平时吝啬出了名的庾敳一定会面露难色，回绝司马越；这样一来，就有借口从中挑拨，添油加醋，令庾敳吃不了兜着走。

当司马越真的开口的时候，气氛十分紧张，众人心里肯定马上萌生了疑问：庾敳能答应吗？大概在众人期待着庾敳做出否定回答时，没想到喝得醉醺醺的庾敳一方面不掩饰醉态，一方面也不失礼貌地穿取头巾，尽管不大利索，但是还算像样，穿好头巾后一板一眼地说"随便拿"。此举大出众人所料，估计连刘舆也没想到庾敳竟然如此大方！

这是一个令人出冷汗的场面，一个不得不屏住呼吸的情景，一个极度意外而令人瞠目结舌的故事。不知这算不算是庾敳的一种斗争艺术，但不论如何，庾敳赢了，刘舆输了。这输与赢之间，惊心动魄，人生之诡谲，不外如是。

话说回来，要不是有司马越的纵容，甚至司马越本人还配合表演，刘舆再小人、再嚣张也不至于以构陷他人作为家常便饭。司马越这样的主子，恨不得坐观属下内斗，以便考察、选用内心更狠的人为自己服务，这如同斗蟋蟀一样，斗赢的那一头蟋蟀可以居为奇货，成为自己手中的秘密武器。阴谋家、野心家都会玩这样的把戏。

故此，心理正常的人在如此险恶的政治环境里不求表现就是最正常的表现；庾敳在东海王府中"常自袖手"，可作如是观。

5 > 郭子玄有俊才①，能言老、庄。庾敳尝称之，每曰："郭子玄何必减②庾子嵩！"（赏誉26）

||| **释义**

①俊才：俊迈出众之才。

②减：不如。

||| **释读**

郭象有俊迈出众之才，于《老》《庄》哲学深有研究，出口成章。庾敳曾经称赞他，每一次赞誉郭象时总会说："郭子玄哪里会不如庾子嵩呢！"

所谓郭象"能言老、庄"，指他说起《老》《庄》哲学来总是滔滔不绝，《晋书·郭象传》记载王衍的说法："听（郭）象语，如悬河泻水，注而不竭。"可见郭象口才之好，正是对"能言"二字的一个注脚。

就人事关系而言，郭象与庾敳同属东海王府的幕僚，二人的行事风格很不一样。庾敳是"常自袖手"，不求表现；而郭象则"遂任职当权，熏灼内外"（《晋书·郭象传》）。郭象这种做派，当时很多人不以为然，甚至引来恶评，以前对他的好印象也就慢慢没了，用《晋书·郭象传》的话说是"由是素论去之"。

庾敳说"郭子玄何必减庾子嵩"，表面上看，似乎是说庾敳认可郭象的学问，这是可能的，也从一个侧面反映庾敳其人比较谦虚，能够赞赏别人的长处。可联系到东海王府的复杂环境，比较庾敳与郭象二人极为相异的作风，则庾敳的话也可以理解为以谦让的姿态避免与郭象较劲。刘孝标注引《名士传》的话可为佐证："郭象字子玄，自黄门郎为太傅主簿，任事用势，倾动一府。敳谓象曰：'卿自是当世大才，我畴昔之意，都已尽矣！'其伏理推心，皆此类也。"郭象的阵势是"任事用势，倾动一府"，其动静不亚于刘舆等人，庾敳不是愚人，觉得没有必要招惹这类人。这符合其性格，也符合他对环境的判断。

请注意"每曰"二字，不是一次两次，而是只要提到郭象都要这么说。如此强调，就别有意味了。

6 〉司马太傅府多名士，一时俊异。庾文康云："见子嵩在其中，常自神王①。"（赏誉33）

‖‖ 释义

①神王（wàng）：神情畅旺，精神饱满。王，通"旺"。

释读

太傅东海王司马越的王府里有很多名士，积聚了一群当时的才俊。庾亮说："在众人之中，只见庾子嵩常常显得神情畅旺，精神饱满。"

在八王之乱的酝酿、发展和变化期间，司马越算是一位颇有号召力的王，《晋书·东海王越传》说他"少有令名，谦虚持布衣之操"，似乎没有多大的架子，知识分子觉得他有一定的亲和感，故而喜欢加盟。这就是"司马太傅府多名士"的原因。

才俊成堆的地方，是非极多；明争暗斗，难以避免。以庾敳不喜争强好胜的性格，他不会贸然掉进人际关系的旋涡之中，他会以不卑不亢的态度在这群人精里虚与委蛇，周旋度日。不亢，就要谦让；不卑，就要自尊；在谦让与自尊之间保持内心强大的姿态，就是"常自神王"。

庾敳在那么多的名士里被列进中朝名士，而当时的多少名士日后却名不见经传，可见庾敳之非同寻常、卓异非凡了。庾亮视之为偶像，是有缘由的。

《世说新语》赏誉门还记载庾亮评论庾敳的话，如"神气融散，差如得上"（第四十二则），意为神气圆融冲淡，不争不竞，淡泊超然，颇为自得而在众人之上（"差如"，颇为之意）。又说"家从谈谈之许"（第四十一则），意为我家堂叔（"家从"）是深不可测，犹如深潭（"谈谈"通"潭潭"）一般的存在。这些话，都能帮助我们理解庾敳的独特个性。

7▷ 庾子嵩长不满七尺，腰带十围①，颓然自放②。（容止18）

释义

①围：量词，两手拇指、食指相合为一围。古代以"十围之木"来形容树木粗壮；"腰带十围"，则形容人的腰部相当粗，不一定实指有十围之数。《论衡·齐世》："人生长六七尺，大三四围，面有五色，寿至于百，万世不异。"可见在古人心目中，通常人的腰围顶多是三四围而已，而"腰带十围"是夸张的说法。

②颓然自放：意为超脱是非，放达不拘。颓然，本指醉态，神志不清，此处转义为超脱是非、无是无非的样子。

释读

庾敳身高不满七尺，腰围粗壮，表现出超脱是非、放达不拘的样子。

嵇康身高七尺八寸，算是身躯高大；而庾敳不满七尺，大概属于中等身材，但显得肥胖，尤其是腰部粗圆，给人深刻印象。

《晋书·庾敳传》一开篇就写道："长不满七尺，而腰带十围，雅有远韵。"此处的"雅有远韵"跟"颓然自放"形成互文关系，故不宜将"颓然"理解为颓废、颓唐之类。庾敳平时给人的印象是"常自神王"（庾亮语），精神饱满，意态不俗。

8> 时人目庾中郎①："善于托大②，长于自藏③。"（赏誉44）

释义

①庾中郎：即庾敳，曾任太傅司马越的从事中郎，故称。

②善于托大：意为善于托身于玄学之大道。玄学的经典如《庄子》，其用语和意境都显得"大"，如《逍遥游》："鲲之大，不知其几千里也。……鹏之背，不知其几千里也。"诸如此类，是"托大"的出处。此处强调庾敳的人生思路与《庄子》一样的宏大。托，意为寄放。

③长于自藏：长于自我隐藏，不显山不露水，不事张扬。

‖ 释读

当时的人评论庾敳说："此人善于托身于玄学之大道，又长于自我隐藏，不显山不露水，不事张扬。"

这一评语是庾敳在东海王府"常自袖手"的注脚。

刘孝标注引《名士传》："（庾）敳虽居职任，未尝以事自婴，从容博畅，寄通而已。是时天下多故，机事屡起，有为者拔奇吐异，而祸福继之。敳常默然，故忧喜不至也。"其中，关键句是"天下多故，机事屡起"，常见的是"有为者拔奇吐异，而祸福继之"，那些争取表现的人，即有为的人，或许得意于一时，但转瞬间因福得祸，也是屡见不鲜的。故而，庾敳的人生策略是"未尝以事自婴，从容博畅，寄通而已"，即不出头，不做出承诺，不取代他人，日复一日，得过且过，不求有功，但求无过，这就是寄通。庾敳做东海王的幕僚，正在"有意无意之间"。这是他的处世之道。

在特殊年代和恶劣的政治环境里，庾敳的"善于托大，长于自藏"是可以理解的。不过，这种过于内敛、暗自精算的人格，在某种意义上说，也属精致的利己主义者。

此外，《世说新语》品藻门第五十八则收录东晋刘惔（字真长）对庾敳的品题："虽言不愔愔似道，突兀差可以拟道。"意为庾敳并非不喜欢说话，不算沉默寡言之人（"愔愔"意为沉默寡言），可他说话时所强调的部分大致与道相合（"突兀"，此指给人留下特别印象的话语；"差"，即大致）。刘恢也是爱好《老》《庄》的人，他是晋明帝的驸马（娶了晋明帝女儿庐陵公主），晋明帝在位的时间是公元323—325年（刘恢大概在此时成婚），而庾敳死于公元311年，大概刘恢年少的时候是见过庾敳的。刘恢的品题可以为我们提供一个了解庾敳言说"老庄"、"善于托大"的细节。

9 > 庾中郎与王平子雁行①。（品藻11）

|| 释义

①雁行：指虽有先后，但相差不大，如同大雁飞行。

|| 释读

世人的评论是：庾敳与王澄略有差别，但大致可以并列。

刘孝标注引《晋阳秋》："初，王澄有通朗称，而轻薄无行。兄夷甫有盛名，时人许以人伦鉴识。常为天下士目曰：'阿平第一，子嵩第二，处仲第三。'敳以澄、敦莫己若也。及澄丧，敦败，敳世誉如初。"这段话的关键在于王衍当年的排位：王澄第一，庾敳第二，王敦第三。这大概就是"雁行"之意。而庾敳内心对于这样的排位是不满的，认为王澄、王敦根本不能跟自己相提并论。事实上，后来，王澄被王敦所杀，王敦在谋反过程中黯然病死，二人的声誉一落千丈，而庾敳却"世誉如初"，即保持了晚节。

庾敳没有野心，没有胡思乱想，更没有胡作非为，他算是活得明白的；他在有无之间寻找生存的空间，尽管狭小，尚可安身，如此这般，也仅活了五十岁；事实上，再小心谨慎也抵挡不住乱世的滚滚浊流，在后来的石勒之乱中，庾敳不幸遇害。

尽管庾敳和王澄都死于非命，但是论人品，二人差别颇大，"庾中郎与王平子雁行"这句话，对于庾敳而言，是一种侮辱；相信庾敳生前有闻，或泉下有知，都不会接受的。

从世俗的角度看，庾敳属于世上高人，他心明眼亮，早就看出"王室多难"，并且预感"终知婴祸"，内心不无惶恐，所以才会效法贾谊的《鵩鸟赋》而写出《意赋》，在"善于托大"的庄子意境中寻求慰藉，解除烦恼。

可是，世上高人再清高也要谋生，所以，庾敳不得不入东海王司马越的王府，显然，"常自袖手"的庾敳在幕僚生涯中但求饭碗，不求表现。他"常自神王"，内心十分瞧不起刘舆一类货色；不卑不亢，意态从容，神情内敛而不失自信。他要防同僚们不时而来的明枪暗箭，要应付司马越不时而来的种种考验，还要在有无之间做些既不是轰轰烈烈又不是鸡毛蒜皮的事情，以便对得起那只饭碗。一句话，庾敳有庾敳的难处，世上高人并非没有心烦之时。

庾敳是颇有忧患意识的，别的不说，他喜欢聚敛，这与一般人的贪货可能有些不同。人们觉得奇怪，庾敳生活简朴，不是那种要享受奢华的人，可为何要聚敛呢？这大概与他对时代的基本认知即"王室多难，终知婴祸"有关，他要防备不时之需，要留有后手。若以"守财奴"视之，则难以解释他何以能一口答应将自己的巨款借给司马越。世事多变，储蓄保身，可能是庾敳聚敛的本意。

一个人再懂得超越也难以超越自己所处的时代，庾敳就是一个典型例子。他依附司马越，司马越是八王之乱中最后一个覆灭的王，有实力，有野心，可就是没有全局观念，只知道打自己人，无意于抵御外敌，不支持刘琨，导致满盘皆落索，自己病死项城，由王衍领军去对付石勒；毫无军事才能，也无战争经验的王衍将西晋政权拖入了深渊，其本人一败涂地，束手就擒，落得"八王死尽晋随亡"的结局。王衍死于石勒之手，而庾敳也未能幸免，同样死于石勒之手。《晋书·庾敳传》的最后一句是："石勒之乱，与（王）衍俱被害，时年五十。"读之令人深感沉痛。

覆巢之下，焉有完卵。这是庾敳的一生留给后人的深刻启迪。

五　王承

　　王承，生卒年不详，字安期，西晋太原晋阳（今山西太原）人。以"清虚寡欲"著称。其为学之道是"但明其指要而不饰文辞"，追求"约而能通"，年二十已经享有声望。

　　王承得到东海王司马越的器重，司马越称他是"人伦之表"，教导儿子学习王承的品格和为人。曾任东海内史，故世称王东海。

　　在动乱不堪的年代，王承离开北方，渡江南下，得到晋元帝司马睿的赏识，为司马睿镇东府从事中郎，"甚见优礼"，可见他与司马睿相处融洽。《晋书·王承传》说："渡江名臣王导、卫玠、周𫖮、庾亮之徒皆出其下，为中兴第一。"可惜，死于四十六岁。

　　王承"每遇艰险，处之夷然，虽家人近习，不见其忧喜之色"（《晋书·王承传》），这也是"魏晋风度"的一种表现。东晋谢安与之相近，故有谢安"继踪王东海"一说（桓彝语，见《世说新语》德行门第三十四则刘孝标注引《文字志》）。

　　王承的儿子王述、孙子王坦之，也是东晋有名的人物。

1 太傅东海王①镇许昌②，以王安期为记室参军③，雅相知重。敕世子毗曰④：“夫学之所益者浅，体之所安者⑤深。闲习礼度⑥，不如式瞻仪形⑦。讽味遗言⑧，不如亲承音旨⑨。王参军⑩人伦之表，汝其师之！”或曰⑪：“王、赵、邓三参军⑫，人伦之表，汝其师之！”谓安期、邓伯道、赵穆也。袁宏⑬作《名士传》直云⑭王参军。或云：“赵家⑮先犹有此本。”（赏誉34）

‖ 释义

①太傅东海王：即东海王司马越，他在晋惠帝后期及晋怀帝时代掌握实权。

②许昌：晋朝县名，为豫州颍川郡的郡治所在地，故址在今河南许昌东。

③记室参军：官职名，是掌管文书记录的幕僚。晋代，诸王均设有记室参军之职，由若干人充任。

④敕（chì）世子毗（pí）曰：意为很正式地对其子司马毗下达了一份文书。敕，指帝王发出的正规文书。世子，指东海王司马越的继承人。

⑤体之所安者：此指在实际生活中所体验到、理解的书本知识。安，意为书本知识与实际体验相符合；不相符合，即为不安。

⑥闲习礼度：此指平常学习各种礼数。闲，平时。

⑦式瞻仪形：此指亲自瞻仰（有德君子的）举止仪态。式瞻，“式”是发语词，意为瞻仰。仪形，指仪态、举止的规范。

⑧讽味遗言：此指诵读品味先圣先贤的遗训格言。讽味，意为背诵、品味。

⑨亲承音旨：此指亲自听取（有德君子的）现身说法。音旨，指说话的语气和言谈的要义，转义为"现身说法"。

⑩王参军：即王承，任东海王的记室参军，故称。

⑪或曰：此处特指东海王司马越下达给世子司马毗的敕书的另一个本子。

⑫王、赵、邓三参军：指王承、赵穆、邓攸三位记室参军。王承之外，赵、邓二人也是声誉甚好的人物。赵穆，字季子，为人纯正有才，享有时誉。邓攸，字伯道，品德高尚，在大难之际，弃儿存侄，为世人敬仰。说"王、赵、邓三参军，人伦之表"，是有缘由的。

⑬袁宏：东晋时人，是谢安的朋友，经常听谢安讲述名士故事，因而写出了《名士传》。

⑭直云：意为"仅云"，即只提及王承。

⑮赵家：此指赵穆家。所谓"赵家先犹有此本"，意为赵穆家先前还保存着这个敕书文本（即一并提及王、赵、邓三人的另一个文本）。

‖ 释读

太傅东海王司马越镇守许昌时，将王承招为记室参军，对他十分赏识和器重。东海王给世子司马毗下达一份敕书，其中写道："从书本上学到的东西未免浅易，而在实际生活中所体验到、理解的书本知识才会是深刻的。平常学习各种礼数，固然必要，但还不如亲自瞻仰有德君子的举止仪态来得重要。诵读品味先圣先贤的遗训格言，固然必要，但还不如亲自听取有德君子的现身说法来得重要。王参军是人伦之表率，你要向他学习，以他为师。"另一个文本是这样写的："王、赵、邓三位参军，均是人伦之表率，你要向他们学习，以他们为师。"这说的是王承、邓攸、赵穆三个人。袁宏作《名士传》只提及王参军一人。但有人说赵穆家先前还保存着提及王、赵、邓三人的敕书文本。

显然，《世说新语》的编写者也难以判断上述司马越给司马毗敕书的两个文本到底哪一个更准确，所以，干脆二说并存。袁宏作《名士传》只提及王参军一人，《晋书·王承传》也采用"王参军人伦之表，汝其师之"这一文本。不管怎样，在身为父亲的司马越心目中，王承就是他要儿子学习、模仿的对象之一，这是没有异议的。

《世说新语》赏誉门第三十三则："司马太傅府多名士，一时俊异。"换言之，司马越是一位颇具号召力的王，在八王之中也算是一个比较突出的人物，他招聚了不少当时的才俊，以辅助自己建立功业。王承无疑是其中之一。司马越在敕书里表彰王承，可谓别具眼光；作为父亲，想让儿子学好，为儿子树立榜样，也是在情理之中。

可吊诡的是，司马越本人就没学好。据《晋书·东海王越传》，司马越"专擅威权，图为霸业；不臣之迹，四海所知"；因为"祸结衅深，遂忧惧成疾"，于晋怀帝永嘉五年（311）就去世了。其时，正是西晋的末期，风雨飘摇，烽烟遍地，一片惨淡。有才能，有眼光，这是司马越；有野心，有罪过，这更是司马越。读他给儿子的敕书，反观其人的一生，不得不感叹言行不一所导致的后果是如此严重！

另据《晋书·王承传》，王承做了一段时间的记室参军，就辞职离开了东海王，渡江南下。不知道他是否察觉了司马越有不臣之心而决定辞职，但是，既然司马越"不臣之迹，四海所知"，王承因此与之切割是很有可能的；若然如此，则说明王承十分机敏，也相当果断，不会因为顶头上司的器重而忘乎所以。

王承渡江之后，得到已在江南的司马睿（晋元帝）的欣赏，出任镇东府从事中郎，这是题外话了。

2 王安期为东海郡①，小吏盗池中鱼，纲纪推之②。王曰："文王之囿③，与众共之。池鱼复何足惜！"（政事9）

释义

①为东海郡：指王承出任东海内史。

②纲纪推之：意为负责政令的主簿要加以追究和惩治。纲纪，此指地方政府的主簿（维护纲纪是其职责所在）。推，即"三推六问"之"推"，推究。

③文王之囿（yòu）：据《孟子·梁惠王下》，孟子认为周文王养育飞禽走兽的园子是"与民同之"的，即不是帝王私享，而是与民共享的。故下文"与众共之"，其意也出自《孟子》。囿，古代帝王养育禽兽的园子。

释读

王承出任东海内史时，有小吏在郡府的鱼池里偷鱼，被发现了，主簿为了维护纲纪，要加以推究、惩治。王承得知后，对主簿说："周文王的苑囿是与民共享的。池里的鱼又算得了什么呢？"

刘孝标注引《名士传》，说王承"累迁东海内史，为政清静，吏民怀之"。以上的小故事，就是他"为政清静"的一个事例。

王承作为一个学者，善于研究《老》《庄》哲学；作为一个地方官员，他在具体的理政过程中借鉴、运用《老》《庄》思想。可见，王承为政不采纳法家思路，而较为推崇道家"清静无为"的做法。这就是他跟主簿不一样的地方。

3 ▷ 王安期作东海郡，吏录①一犯夜人②来。王问："何处来？"云："从师家受书还，不觉日晚。"王曰："鞭挞甯越③以立威名，恐非致理之本④。"使吏送令归家。（政事10）

‖ **释义**

①录：收捕。

②犯夜人：古代有宵禁制度，晚上到某个钟点，就禁止游荡，或禁止进出城门；过了规定钟点的就被视为"犯夜人"。

③甯（nìng）越：据《吕氏春秋·博志》，战国时的甯越，出身农家，为摆脱困苦处境，下决心苦学，历经十五年，而学有所成，后来还成了周威公的老师。此处"甯越"代指读书人。

④致理之本：意为达致良好的治理效果之路。余嘉锡先生《世说新语笺疏》指出，"致理"二字出于唐代人避讳，原文应为"致治"；唐高宗名李治，故避"治"字。

‖ **释读**

王承出任东海内史时，官府小吏收捕了一个误了宵禁钟点的人，请王承来处置。王承问那人："你从什么地方来？"那人答道："我到老师家上课读书，不知不觉过了时间，现在正要回家。"王承听毕，对小吏说："鞭挞像甯越这类的读书人而来树立威名，恐怕不是达致良好的治理效果之路。"于是，命小吏亲自送那人回家。

这是王承"为政清静"的另一例子。

在这个小事件中，王承表现出治理手法的灵活性，依据具体的情形而做出具体的判断和安排，而不是机械地执行规定。

4 王夷甫以王东海比乐令，故王中郎①作碑云："当时标榜②，为乐广之俪③。"（品藻10）

释义

①王中郎：即王坦之，曾任北中郎将，故称。他是王承的孙子（其父王述）。

②标榜：称扬，品评，意指享有高名。

③俪：意为可以（与之）并列的人。

释读

王衍以王承比作乐广，故此，王承的孙子王坦之在为其祖父作碑文时写道："当时享有高名，与乐广并称于世。"

刘孝标注引《江左名士传》，说王承"言理辩物，但明其旨要，不为辞费，有识伏其约而能通。太尉王夷甫一世龙门，见而雅重之，以比南阳乐广"。所谓"太尉王夷甫一世龙门"，指王衍的品评有如龙门，得到他的好评等于跃过龙门而前途无量。王衍是王承的长辈，又是权威人士，他将王承比作乐广，而乐广是与王衍齐名的人物，这样的品评会被视为一时定论。所以，王坦之为祖父写碑文时不会忘记引用王衍的佳评。

太原王氏家族在晋朝属于名门望族。王承的父亲王湛在晋武帝时代已经得到"山涛以下，魏舒以上"的评价（《晋书·王湛传》），即上比山涛不足，而下比魏舒（曹魏末期深得司马昭重用；入晋以后，继山涛为司徒，领吏部）有余。王承正是在此有利的背景之下成长起来的。

《晋书·王承传》在篇末强调"渡江名臣"如王导、卫玠、周顗、庾亮等都不如王承，"皆出其下"，并称王承"为中兴第一"。不知是否有夸大的成分，但王承乃是当时之一等人物，应无疑义。

因此，王承先后得到东海王司马越、晋元帝司马睿的赏识和重用，这也反映出王承作为社会精英具备足够的才华和人格魅力。而王承在实际的官宦生涯中颇有个性色彩的治理风格也得到后世史家的认可，故而《世说新语》所载王承为官的小故事都写进了《晋书·王承传》。

太原王氏家族自王承之后，代不乏人，其子王述官至散骑常侍、尚书令；其孙王坦之官至散骑常侍、中书令等；其玄孙王忱官至建武将军。祖孙四代均在《晋书》里有传。这可算是东晋门阀政治的一个缩影了。

六
阮瞻

阮瞻（生卒年不详），字千里，西晋陈留尉氏（今属河南）人，阮咸的长子，阮籍的侄孙。

阮瞻继承了其父阮咸的音乐特长，"善弹琴，人闻其能，多往求听，不问贵贱长幼，皆为弹之"。西晋著名文学家潘岳是他的内兄，"潘岳每令鼓琴，终日达夜，无忤色。由是识者叹其恬淡，不可荣辱矣"（《晋书·阮瞻传》）。

在仕途上，阮瞻先后依附于司徒王戎、东海王司马越；晋怀帝永嘉中，为太子舍人。三十岁时因病而亡。

在中国古代思想史上，阮瞻以主张"无鬼论"著称。其读书态度是"不甚研求，而默识其要"，可谓上接嵇康，下启陶潜。

1 > 王丞相①过江②，自说昔在洛水边③，数④与裴成公、阮千里诸贤共谈道⑤。羊曼⑥曰："人久以此许卿，何须复尔？"王

曰："亦不言我须此，但欲尔时不可得耳！"（企羡2）

|| **释义**

①王丞相：即王导，东晋初年权重一时，位至丞相。

②过江：指从北方南下渡过长江。此处转义为西晋之末、东晋之初。空间概念转为时间概念。

③洛水边：代指京师洛阳。东晋初年，由北方南渡的权贵，对旧京洛阳充满着怀念之情，称之为"中朝"。洛水边，是他们昔日经常游玩的地方。

④数（shuò）：多次。

⑤谈道：谈论玄理。道，多指老庄之学。

⑥羊曼：字祖延（一作延祖），泰山郡南城县（今山东新泰）人。南渡后，得到晋元帝的重用，为镇东参军，掌管朝廷机密。后死于苏峻之乱。

|| **释读**

王导由北方南渡，居住江南，自己回忆说当年在京师洛水边，多次跟裴颜、阮瞻等一时俊彦共同谈论老庄之学。此时，也是南渡而来的山东人羊曼说："大家一直以来都称赞阁下是谈玄高手，何必重提往事呢？"王导答道："也不是说非要重提往事不可，只是想，要再回到那个时候已经不可能了！"

王导是由西晋入东晋的杰出人物，他心中十分怀念裴颜、阮瞻。王导生于晋武帝咸宁二年（276），裴颜生于晋武帝泰始三年（267），王比裴年少将近十岁；阮瞻在晋怀帝永嘉中（约310）尚在世，去世时年仅三十岁，大概与王导年龄相近。他们在洛水边游玩、谈玄，可能还是弱冠之龄前后，即二十岁上下，风华正茂，年少气盛，都有家世背景，都是饱学之士，而且，大家当时的社会和政治地位还相差不大，十分投契，可以无话不说。这样的时光，正是令已然步入中年的王导（晋元帝建武元年，为东晋王朝之始，即公元317年，王导已年过四十）回味无穷的岁月。

像阮瞻，其父是阮咸，其叔祖是阮籍，他本人是"竹林七贤"的后代。王导是以能够结交到阮瞻一类人物而自豪的，毕竟与"竹林七贤"拉上关系，是当时的年轻名士们引以为傲的事情。

刘孝标的注释指出，"但欲尔时不可得耳"一句，别的版本作"但叹尔时不可得耳"，一字之差，意蕴有别，似乎"叹"字更有意味。王导或许在感慨：当年的国家，还没有出现八王之乱，他们这些年轻人还可以轻轻松松地在洛水边商量学问，谈笑风生；可如今，家国巨变，北人南下，风情不再，故人作古，环顾左右，已无阮瞻、裴颜一类的人物，怎不感叹世事沧桑、人世无常呢！

2 ▷ 王丞相轻蔡公①，曰："我与安期、千里共游洛水边，何处闻有蔡充儿②？"（轻诋6）

‖ **释义**

①蔡公：即蔡谟（281—356），字道明，是晋元帝司马睿的亲信之一。为人严谨，与王导意见相左，二人关系不和。蔡公是时人的尊称。

②蔡充儿：即蔡谟。蔡谟是蔡克的儿子（蔡充是蔡克之误）。蔡克，字子尼，晋陈留考城（今河南民权）人，为人正

直，曾做成都王司马颖幕僚和亲随，官至东曹掾，后因朝政衰敝，弃官不做（《晋书·蔡克蔡谟合传》）。

||| **释读**

王导瞧不起蔡谟，说："当年，我跟王安期、阮千里一起在洛水边游玩的时候，听都没听过有一个叫什么蔡充（克）儿的！"

王导在怀念过去的时候，要不就缅怀裴頠、阮瞻，要不就回忆王承、阮瞻；阮瞻似乎总是少不了的，可见阮瞻在王导心目中的地位有多重要、多特殊。

阮瞻早逝，否则，以他的杰出才华和人格魅力，会是故事不少的人物。或者，他的故事都留在了王导的脑海里；或者，他的言谈举止都成了王导怀想不已的对象。

请注意王导话语里一个不可忽视的差异：说及王承、阮瞻，都称他们的字，没有直呼其名；而说到蔡谟的父亲，则冲口而出的是蔡充（克），而不是蔡子尼。古人在人际交往中很讲究礼貌，平辈之间也只能称其字而不能呼名，何况对于王导而言，蔡克还是他的长辈。要说失礼，大名鼎鼎的王导真的很失礼。

据《晋书·蔡克蔡谟合传》，蔡氏父子都是以"正人""守正"著称的，不像王导那样通脱潇洒，人生姿态和行为习惯很不一样。可知到了西晋之末年、东晋之初年，在士大夫阶层里，两种不同的处世方式存在严重冲突。

而王导视王承、阮瞻等人为同道（三人年岁也相近）。早逝的阮瞻还是阮咸之子，至此，"竹林七贤"的下一代也大体风流云散了。阮瞻是否就是"竹林七贤"之余绪的最后一个符号呢？

　　阮瞻，在阮籍、阮咸身后属于贵游子弟，刘孝标注引王隐《晋书》说，阮瞻等人"皆祖述于（阮）籍，谓得大道之本"。刘孝标又引《名士传》说："（阮瞻）夷任而少嗜欲，不修名行，自得于怀。读书不甚研求，而识其要。"换言之，阮瞻大体继承了阮氏家风，以"夷任"（平易而又任性）著称，读书也好，做人也罢，都很随性，亦即"不修名行，自得于怀"。他在"竹林七贤"第二代里算是颇有影响的人物。

　　因此，袁宏编纂《名士传》将阮瞻列入了"中朝名士"之中。阮瞻是中朝名士里与"竹林七贤"存有直系血缘关系的唯一人物。

　　奇怪的是，《世说新语》收录阮瞻的故事甚少，而且是间接的。一则，可能与他早逝有关；一则，有些故事可能遗失了。但袁宏编《名士传》时没有将阮瞻漏掉，王导在南渡之后仍然对阮瞻念念不忘，这些都能说明，阮瞻的存在，其意义和价值不可忽视。

　　至于是什么样的意义和价值，可能会见仁见智，未必能够达成共识。不过，"竹林七贤"作为历史事件和文化现象，总会有终结的时候，阮瞻的去世，多少意味着"竹林七贤"不可避免地要淡出历史舞台，转眼间，又将会是另一番历史风云。

　　附带可以一提的是，《晋书·阮瞻传》记载：有一次，阮瞻跟众人一起外出，天气甚热，大家口渴，刚好走到一个地方，发现有水井；朋友们争先恐后，都挤到井台喝水，而阮瞻独自一人在人群后面走来走去，就是不靠近水井，等到大家都喝够了，阮瞻这才上去润喉解渴。这是当时流传的阮瞻性格恬淡的故事。可见，他不是没有故事的人。不过，如此恬淡，则出格故事相对少一些，也在情理之中。

七 卫玠

卫玠（286—312），字叔宝，西晋河东安邑（今山西运城）人。少年时即有令誉。其祖父卫瓘（guàn）官至司空、太保，父亲卫恒官至黄门侍郎，山涛之子山简称之为"权贵门户"。卫玠先娶乐广之女，丧偶之后，再娶山简千金，故他先后做了乐广和山简的女婿。

身处西晋末年，北方多乱，卫玠移家南渡，一度依附王敦；无奈身体病弱，过早离世，年仅二十七岁；时在晋怀帝永嘉六年（312），距离西晋政权的最后覆灭尚有七年。

卫玠是清谈高手，得到王敦、谢鲲等的高度赞誉，他的言谈被称为永嘉末年的"正始之音"。《晋书·卫玠传》说他"终身不见喜愠之容"，可见也在效法阮籍的处世姿态。

1 卫玠年五岁，神衿①可爱。祖太保②曰："此儿有异，顾③吾老，不见其大耳！"（识鉴8）

‖ 释义

①神衿（jīn）：神态和仪表。衿，本指衣襟，借指衣饰整洁、仪表端庄。

②祖太保：即卫玠祖父卫瓘，官至太保，故称。

③顾：只是。

‖ 释读

卫玠五岁的时候，神态和仪表都十分可爱。祖父卫瓘说："这孩子与众不同，只是我老了，来不及见到他长大后的样子了！"

卫玠生于晋武帝太康七年（286），五岁时，是晋惠帝元康元年（291），而其祖父死于此年。换言之，卫瓘称赞孙子卫玠后不久就离世（被杀），享年七十二岁。

说及卫家祖孙，不得不提到"卫瓘举门无辜受祸"事件。晋武帝司马炎死后，晋惠帝继位，卫瓘和汝南王司马亮共辅朝政。阴险霸道的贾后忌恨为人方直的卫瓘，故意挑拨楚王司马玮与卫瓘的矛盾，司马玮设计构陷、杀害卫瓘全家，《晋书·卫瓘传》记载，卫瓘与其子卫恒（卫玠父亲）、卫岳、卫裔以及多名孙子同时遇害；卫恒的两个儿子卫璪、卫玠兄弟俩在医者家里，幸而躲过一劫。

卫玠虽天资聪颖，但体质本弱，又在如此悲情的环境下成长，容易犯病，不是没有缘由的。

不过，卫玠毕竟是人见人爱的，他日后的成长得到过不少人的照拂，比如，大将军王敦就对他青眼有加。他的祖父一生磊落，做过不少好事，这对于卫玠而言，算不算也是一种祖荫呢？

2 骠骑王武子①是卫玠之舅，俊爽有风姿，见玠辄叹曰："珠
玉②在侧，觉我形秽③！"（容止14）

‖ **释义**

①骠骑王武子：即卫玠舅舅王济，字武子。据《晋书·王
济传》，他曾任骁骑将军，死后追赠骠骑将军，故称。

②珠玉：本指珍珠、美玉，此借以形容人的姿容、仪态
之美。

③秽：丑陋。

‖ **释读**

骠骑将军王济是卫玠的舅舅，风姿英爽，气盖一时，见到
外甥卫玠，就不禁赞叹道："珍珠美玉就在我的身边，令我自感
形态丑陋啊！"

这一则故事提及卫玠的母系亲族。卫家本是显贵，而卫玠
的母系亲族更是不得了。卫玠的外祖父王浑，是魏晋时期的功
臣，尤其是在平定吴国时立下大功，任征东大将军，在江东享
有很高的声望。卫玠的舅舅王济，娶了常山公主，是晋武帝的
驸马；又与当时的名士和峤、裴楷齐名，还是吏部尚书山涛身
边的红人。而卫玠的母亲王氏，出身高贵，自是非同一般。

王济在历史上声名不佳，他性格峻厉，生活奢华，一出口
就是"珠玉在侧"，其措辞和语气都能够反映出他的个性特点。
不过，他的话语从一个侧面描述了卫玠俊美少年的形象。

3 ▷ 王平子迈世有俊才，少所推服①。每闻卫玠言，辄叹息绝倒②。（赏誉45）

||| **释义**

①少所推服：所推崇和佩服的人很少。

②绝倒：意为佩服倾倒，形容折服的状态。

||| **释读**

王澄为人高迈不群，有出众的才华，所推崇和佩服的人很少。可是，每次听到卫玠的言谈，都深感满足，啧啧称赞，佩服之至。

刘孝标注引《卫玠别传》，说王澄在听到卫玠的议论时，"至于理会之间，要妙之际，辄绝倒于坐。前后三闻，为之三倒。时人遂曰：'卫君谈道，平子三倒。'"这是关于王澄"绝倒"的具体描写，说明卫玠的见解的确十分精彩，连傲气的王澄也极为佩服。

论年齿，王澄是长辈。他生于晋武帝泰始五年（269），卫玠生于晋武帝太康七年（286），两人相差十七岁。以王澄的身份、地位、名气和年辈，他用不着去讨好卫玠，一定是由衷佩服。这就反映出卫玠的清谈，以及他对《老》《庄》《易》"三玄"的理解，一定有过人之处。

4 ▷ 卫玠总角时问乐令"梦"，乐云"是想①"。卫曰："形神所不接而梦，岂是想邪？"乐云："因②也。未尝梦乘车入鼠穴，捣齑啖铁杵③，皆无想无因故也。"卫思"因"，经日④

不得，遂成病。乐闻，故命驾为剖析之。卫既小差⑤。乐叹曰："此儿胸中当必无膏肓之疾⑥！"（文学14）

释义

①想：此指梦与想（大脑活动，思考、想望等）有关。

②因：此指梦中的情景总会有因（某种现实的依据）。

③捣齑（jī）啖铁杵：此句意为古人使用铁杵来捣碎姜、蒜等辛辣佐料，吃的不是捣碎后的姜、蒜，反而将铁杵吃掉（表示不可能发生）。齑，指捣碎的姜、蒜等。

④经日：终日，整天。

⑤小差（chài）：（病情）已呈好转。小，稍微，用作程度副词；差，通"瘥"，病愈。

⑥膏肓之疾：指不可治的疾病。膏肓，指身体内药物不能到达的部位（尤指心脏内部），喻无法治疗。

释读

卫玠年少时，思考"梦"是什么，带着这个问题去问乐广。乐广回答道："梦就是想。"卫玠未能接受这个解释，再问："我的梦里所见不是我的身心所接触到的，岂能说就是想呢？"乐广再解释："总会有缘由，这叫因，比如说，梦里没有梦见坐着高车钻进老鼠洞的吧，梦里没有梦见拿着铁杵捣碎姜蒜而把铁杵吃掉的吧？为什么没有呢，正是因为你想不到，这叫无想；为什么想不到呢，正是因为日常生活里没有这样的事情啊，这叫无因。"卫玠还是不理解"因"是什么，整天念念不忘，解不通，放不下，于是就病倒了。乐广得知后，赶紧坐车到卫玠家，仔细剖析"因"是什么。卫玠终于听明白了，病也就好起来了。乐广赞叹道："这孩子遇到问题总要穷根究底，心里装不下任何疑惑，必无心病！"

我们不知道乐广在卫玠生病后是如何对卫玠做剖析而令他解除了心上疑惑的。从乐广解释"因"的思路看，他有一种朴素的唯物意识，即不要管梦里出现何种怪现象，梦里的细节总会有日常生活依据，日常生活里没有的情景不会出现在梦里。换言之，梦里的情景就算是出现种种变形，总是变不出日常生活的手掌心。

这个故事里的卫玠，可以说是好学深思的典型，年纪尚小，就已经有一种追问能力，而且喜欢思辨。我们知道，先秦诸子的著作或文章，说理时多用寓言，长于具象思维；而到了魏晋时期，随着玄学的盛行，人们的思考方式发生明显的变化，在不放弃具象思维的同时，对于形而上的思辨已然呈现出抽象而深入的态势，连总角之年的卫玠受此影响，也学会使用十分抽象的"想""因"等新的哲学范畴来运思、去求解。从思想史和文化史的角度看，玄学或清谈对于提升思考能力是有一定助力的，生活于清谈家圈子里的少年卫玠即为例子。

5▸卫洗马[①]初欲[②]渡江[③]，形神惨悴[④]，语左右云："见此芒芒[⑤]，不觉百端交集。苟[⑥]未免有情，亦复谁能遣[⑦]此！"

（言语32）

‖ **释义**

①卫洗马：卫玠官至太子洗马，故称。

②初欲：指起意做出某种打算。

③渡江：指卫玠打算离开北方，移家江南。据刘孝标注引《卫玠别传》，时在永嘉四年（310）。

④形神惨悴：眼神惨淡，面容憔悴。

⑤芒芒：此兼指北方战乱频仍的状态以及渡江之后生活难料的前景，令人茫然不知所措。芒芒，通"茫茫"。

⑥苟：本义为"假如"，此处转义为"只要"。

⑦遣：排解。

‖ 释读

卫玠起意离开动乱不已的北方，渡江南迁，他眼神惨淡，面容憔悴，对身边的人说："此地茫茫，前路又茫茫，不觉百感交集。只要是尚有人的情怀，谁能够排遣得了内心的离愁别绪呢！"

据《晋书·卫玠传》记载，卫玠准备离开北方、移家南行时，其兄长卫璪因为"内侍怀帝"而走不得，他的母亲也舍不得丢下卫璪，一度僵持，意见不统一；后来，卫玠分析局势，为了门户大计考虑，终于说服了母亲和兄长，这就是"初欲渡江"时的实际场景。换言之，卫玠说上述一番话时，是在做出十分艰难的决定。

不宜忽略"初欲"二字，此二字表明卫玠有渡江的打算，但是，还没有到临江分别的时候，尚在起意和商议的阶段，故"芒芒"二字未必指"如此广阔浩渺的长江"（不少译注本都作如是理解），更为合理的解释是"芒芒"兼指北方战乱频仍的状态以及渡江之后生活难料的前景，令人茫茫然思绪万千，生出无限的离愁别绪。

这个小故事是一条很生动的史料，反映出西晋末年出于万般无奈而不得不南渡时那一群极有身份的北方人的复杂心态。卫玠一家只是当时千千万万家的案例之一而已。

卫玠一家，其南下的路径是先至江夏（今武汉），后到豫章（今南昌）。卫玠卒于豫章。

6〉卫玠始渡江，见王大将军①。因夜坐，大将军命谢幼舆②。玠见谢，甚说③之，都不复顾王，遂达旦微言④。王永夕不得豫⑤。玠体素羸，恒为母所禁。尔夕忽极⑥，于此病笃，遂不起。（文学20）

|| **释义**

①王大将军：即王敦，西晋末年任镇东大将军。

②谢幼舆：即谢鲲，字幼舆，曾被王敦提拔为长史，是王敦的亲随。

③说：通"悦"。

④微言：即清谈、玄谈，谈论老庄哲学的精微之处。

⑤豫：参与。

⑥尔夕忽极：意为那天晚上（清谈）达到极致，而忽略了休息。尔，代词，意为"那"。忽，指忽略，疏忽。极，此处兼指精神消耗极大。

|| **释读**

卫玠渡江南迁，刚落脚不久就去见镇东大将军王敦。两人相处甚欢，一聊就聊到晚上；王敦知道卫玠善于清谈，于是，就把自己的亲随谢鲲叫来。卫玠见到谢鲲，相当高兴，一起谈

论老庄哲学的精微之处，通宵达旦，一下子没工夫去理会坐在一旁的王敦，王敦整个晚上也插不上嘴。卫玠素来体弱多病，不宜长时间清谈，这对脑力和体力都消耗很大，他的母亲平时一直是干预、禁止的。可是，那一夜太兴奋了，忽略了休息，与谢鲲的清谈达到极致，消耗太大，于是卫玠就病倒了，病情还很严重，可谓一病不起。

刘孝标注引《卫玠别传》，说卫玠"少有名理，善《易》《老》"，即从少年开始就懂得谈玄；同时，他体质较弱，用脑时间一长就容易生病，而清谈却是一种十分耗费精神的活动，于卫玠而言，不大合适。这是卫玠一生的最大矛盾。

刘孝标注引《王敦别传》，也说王敦其人"少有名理"，与卫玠一样，难怪二人见面时颇为相投。再引《晋阳秋》的记载，说谢鲲"性通简，好《老》《易》"，这就难怪卫玠与谢鲲可以长谈不倦，忘记时间，可谓棋逢敌手。《卫玠别传》还记载，这一场"记录在案"的会见与清谈，地点是武昌。

卫玠是一个极其认真、做事投入的人，要么不参加清谈，只要参加清谈，就必定全力以赴。他当时的朋友就感叹说："卫君不言，言必入真。"（《卫玠别传》）对于卫玠来说，他的认真要了他的命。在某种意义上说，这是卫玠的个人悲剧；但换一个角度看，卫玠是用他的生命写出了魏晋玄学史上别具悲怆意味的一页。

7 > 王敦为大将军，镇豫章①。卫玠避乱，从洛投敦②，相见欣然，谈话弥日③。于时谢鲲为长史，敦谓鲲曰："不意永嘉④之中，复闻正始之音⑤。阿平⑥若在，当复绝倒⑦。"（赏誉51）

释义

①豫章：今江西南昌。

②从洛投敦：（卫玠）从洛阳出发，前来投靠王敦。

③弥日：一整天。

④永嘉：西晋末年晋怀帝的年号（307—311）。

⑤正始之音：正始，是曹魏时期曹芳的年号（240—249）。当时，名气很大的清谈家何晏、王弼、夏侯玄等推动玄谈，极一时之盛，成为后世清谈家仰慕的对象，他们的清谈，被尊为"正始之音"。

⑥阿平：即王澄，字平子。

⑦当复绝倒：意为（王澄）会再次为之倾倒。

释读

王敦为镇东大将军，镇守豫章。卫玠躲避北方动乱，从洛阳南下，前来投靠王敦，两人相见，格外高兴，好像有谈不完的话，整整聊了一天。当时，谢鲲是王敦的长史，也在座，王敦对谢鲲说："真没想到，如今永嘉年间，竟然还能听到正始之音。阿平如果还在，听了之后，会再次为之倾倒。"

作为镇东大将军，王敦的管辖范围较大，武昌、豫章都属于他的管治地区。据刘孝标注引《卫玠别传》，说卫玠南下，拜会王敦，是在武昌，所记载的王敦对卫玠的评说，意思与《世说新语》大体相同，而语句略有差异："昔王辅嗣（王弼）吐金声于中朝，此子（卫玠）今复玉振于江表（武昌），微言之绪，绝而复续。不悟永嘉之中，复闻正始之音。阿平若在，当复绝倒。"两相参照，可以互补。

王敦念念不忘"正始之音"，卫玠使得"微言之绪，绝而复续"，这可以视为魏晋玄学史上的重要史料。虽然卫玠的微妙之言已经散失在历史的烟云之中，但上述场景可以约略呈现当时士大夫之间关于"正始之音"的流风余韵。

此外，"从洛投敦"四字值得留意，卫玠举家南下之前，家里意见不一，他的母亲本来执意反对；卫玠下定决心，并且能够说服母亲的理由恐怕就是"从洛投敦"这一条。而从王敦的态度和表现看，他的确乐于安排、照顾卫玠一家。卫玠先落脚武昌，后移居豫章，可能都是王敦一手包办的。

8 > 卫玠从豫章至下都①，人久闻其名，观者如堵墙。玠先有羸疾②，体不堪劳，遂成病而死。时人谓"看杀卫玠"。（容止19）

‖ **释义**

①下都：与"上都"（西晋都城洛阳）对举，指东晋都城建康（今南京）。

②羸疾：指瘦弱多病。

‖ **释读**

卫玠从豫章到下都建康，人们早就听闻其名声，如今得知他来了，纷纷前来观看，都想一睹其风采，观者太多，如同筑起一堵人墙。卫玠素来瘦弱多病，身体劳累不得，要应对这么多人，累坏了，于是大病，终致不治。当时的人说"看杀卫玠"。

《世说新语》容止门第十六则与此相关，原文是："王丞相见卫洗马，曰：'居然有羸形，虽复终日调畅，若不堪罗绮。'"意思是：王导（丞相）见到卫玠，突出的印象是过于瘦弱，有点弱不禁风的样子，连轻盈的丝织品穿起来都好像承受不住。王导在建康，故卫玠前来拜会。可知，卫玠到建康，在当时不论是王公大臣还是平民百姓，都很关注。卫玠在北方的名气实在不小，以至于南方人对他甚为好奇。

卫玠到建康，可能也是王敦的安排。

但刘孝标在注释里怀疑卫玠没去过建康，理由是根据《永嘉流人名》记载，"（卫）玠以永嘉六年五月六日至豫章，其年六月二十日卒"。刘孝标认为卫玠南下的行踪是先到武昌，再到豫章，他到达豫章已经是永嘉六年五月六日，他死于豫章是同年的六月二十日，其间只有四十五日，刘孝标问道："岂暇至下都而亡乎？且诸书皆云玠亡在豫章，而不云在下都也。"其意思是，在这么短的时间里，卫玠大概没有闲暇去下都，而且，各种相关的文献都说卫玠死于豫章，而不是死于下都，故而，所谓"卫玠从豫章至下都……遂成病而死"的说法十分可疑。

我们很难说刘孝标一定对或一定错，姑且视为疑案。可是，豫章距离建康，说近不近，说远不远，"从豫章至下都"的可能性也不宜绝对排除。何况《永嘉流人名》在时间上说得那么具体而微，却又令人生疑；历史细节，经过岁月的淘洗，越是精准，越是可疑。

还有，永嘉末年，东晋政权尚未建立，政治局面还有巨大的不确定性；这个时候，王敦、王导正在江南积攒政治资本，王敦的野心还没有暴露。从北方南来专程投靠王敦的卫玠，不仅内秀，而且外美，更有显赫的家世背景，其吸引力是相当大的（所谓"人久闻其名，观者如堵墙"，足可证明）。王敦安排卫玠到建康见王导，其中有没有某种政治上的考量，是很难说的；如果卫玠在朝中得到某种职位，他算是王敦的人，这对于王敦而言是大有好处的。只不过卫玠的身体不好，过早去世而已。

9 卫洗马以永嘉六年丧，谢鲲哭之，感动路人。咸和①中，丞相王公②教③曰："卫洗马当改葬。此君风流名士，海内所瞻，可修④薄祭⑤，以敦⑥旧好⑦。"（伤逝6）

‖ **释义**

①咸和：晋成帝年号（326—334）。咸和中，约在330年。

②丞相王公：即王导。

③教：古代王侯、大臣发布的命令、指示统称为"教"。具有正式、正规的性质。

④修：备办。

⑤薄祭：简朴而不铺张的祭奠仪式。

⑥敦：本义是敦厚，此处转义为感念、追怀。

⑦旧好：指年长日久的交情。

‖ **释读**

卫玠死于永嘉六年，谢鲲哭祭，哀伤不已，感动路人。咸和年间，丞相王导正式发布指令："应当给卫洗马改葬。此君风流名士，声望甚高，海内人士都瞻仰敬佩；改葬时，宜为他备办一场简朴而不铺张的祭奠仪式，感念和追怀年长日久的交情。"

谢鲲痛哭卫玠，是出于真情。想当初，卫玠刚从洛阳来到武昌，去见王敦，二人相见甚欢，说着说着，王敦一时高兴，把自己的长史谢鲲也叫来加入谈话；没承想，谢鲲的到来更激发起卫玠清谈的雅兴和激情，彻夜长谈，不知疲倦；卫、谢二人旗鼓相当，棋逢对手，惺惺相惜，结为莫逆之交。而卫玠过早去世，意外地令谢鲲失去了一个好朋友、好对手。谢鲲哭祭年纪轻轻的卫玠，之所以感动路人，完全是因为痛彻心扉之情倾泻而出。

值得注意的是王导选择改葬的时间。刘孝标注引《卫玠别传》，说"（卫）玠咸和中改迁于江宁"，换言之，所谓"改葬"，指将卫玠的坟墓从豫章迁至江宁（建康的别称，即今南京），时间是"咸和中"，约330年，是晋成帝在位之时。此时，王敦已死（卒于晋明帝太宁二年，324年），而王导处于晚年（卒于晋成帝咸康五年，339年）。王导提出为卫玠改葬，上距卫玠之死（永嘉六年，312年；葬于南昌城郊）已有十五年左右。为何忽然间会出现这个事情呢？

对于东晋政坛，卫玠与王敦的关系是大家都知道的掌故；王敦作乱，"欲有废明帝意"（《世说新语》方正门第三十二则），也是朝野共知；晋明帝司马绍趁王敦病危，发兵讨伐，王敦病死于军中；而晋成帝司马衍是司马绍的长子，五岁登基，靠王导、庾亮辅政，咸和是晋成帝的第一个年号，所谓"咸和中"，也就是晋成帝做了五年左右的小皇帝的时候。此前，晋明帝司马绍在门阀士族庾亮、王导之间是"亲庾疏王"的（田余庆《东晋门阀政治》，北京大学出版社，2012年，第104页），换言之，王导在晋明帝时代，处境已经有其微妙之处，并非时时处处都会顺风顺水；这种情境，到了晋成帝时代，估计不会有多少变化，何况庾亮是晋成帝的舅舅，情势可能对王导更为不利。

王导忽然间想到与王敦关系密切的卫玠，想到帮卫玠改葬，而且是以正规的形式进行，似乎不仅仅是怀念故旧而毫无政治上的考量。哪怕没有实际上的政治意义，也暴露出王导在晚年时的心态：想当年，谢鲲在卫玠死后哭道："栋梁折矣，何得不哀？"（刘孝标注引《永嘉流人名》）谢鲲视卫玠为栋梁，王敦视卫玠为自己人；而在咸和年间，晚年王导面对庾亮的咄咄逼人，忍受晋成帝的疑心和有意无意的疏远，他想到了卫玠，要将卫玠改葬到江宁（此事费工不小，并非易事），并且举办"薄祭"（花费可能不多，但是颇为高调），公开的意思是"以敦旧好"（论私情，卫玠与王敦的交情深于王导），而事实上，在晋成帝、庾亮身边不无落寞之感的王导，此时有没有由卫玠联想到自己的从兄王敦呢？有没有在缅怀死去的王敦呢？要是卫玠不死，王敦不亡，如今的政治局面又会是何种模样呢？人是复杂的，人心更是繁杂多端，我们不知王导想了些什么，但是，内心肯定不会平静。

卫玠生前大概怎么样也没有料到，身后会由东晋的丞相王导为自己改葬（卫玠还没有见到东晋的建立）。如果王敦不死，王敦为卫玠改葬，倒是更有可能的。在某种程度上说，"从洛投敦"的卫玠，谁都知道，其后半生与王敦紧密相连；而王敦，在晋明帝、晋成帝父子相继在位的时代，都是一个敏感词。

幸亏卫玠死于王敦作乱之前，王导如何高调纪念卫玠，别有用心的人也抓不到王导的把柄。这是王导老练之处。

不过，"王与马，共天下"这句话，到了晋成帝时期，恐怕真要打折扣了。王导为卫玠改葬一事，除了为卫玠致哀之外，是否也是曲折地为一个时代的终结致哀呢？

卫玠生前尽享美誉，死后也备受哀荣。仅仅二十七年的生命，有此成就，可算是一个不多见的奇迹。

卫玠在西晋末年的存在，其主要意义和价值是一定程度上复活了"正始之音"。这可能是王敦乃至于王导最为看重的一点。卫玠本质上不是政治人物，而是学界精英，是当时大家都佩服的青年玄学家，不论是王澄还是谢鲲，不论是王敦还是王导，还有王济，等等，都是卫玠的崇拜者。要知道，这一系列人物，均为一时之选，名头很响，地位颇高，可见卫玠在世人的心目中确实是非同寻常的。

可惜卫玠不如正始年间的王弼，没有留下任何著作，连片言只语也罕见，还不如他的祖父卫瓘、父亲卫恒。清严可均辑《全晋文》，尚然收录了卫瓘、卫恒的若干篇文字，卫玠却是一句话也不见。而卫玠竟然在《世说新语》里获取了比祖父、父亲更多的赞美，不得不说是异数。

卫玠是有学问的，而且他的学识、见解必定高妙，才会令王澄绝倒，使王敦等人另眼相看，估计不会是浪得虚名。王弼二十来岁取得较高的学术成就，卫玠二十来岁也取得较高的学术声誉，这是可能的。

问题在于，如果要将卫玠这样的人培养成政治人物，比如，让他去做太子洗马之类的官，设想卫玠长寿，他真的会成为政治家吗？在某种程度上说，正始名士也好，"竹林七贤"也罢，称得上政治家的几乎没有。在官本位时代，学而优则仕，学问家好像除了变为政治家之外，就似乎没有前途了，这是学术史上不必讳言的怪现象。

可悲的是，"正始之音"已经成为一种符号。一个政权，如果没有"正始之音"来衬托一下，就好像缺了点什么似的。王敦需要卫玠，卫玠也需要王敦，前者需要的是花瓶，后者需要的是饭碗。"正始之音"在西晋末年，乃至于到了东晋，依然吃香，确是值得后人认真反思了。

不知卫玠是否死得及时，如果他不死，活到东晋的建立，活到王敦作乱的时候，他还会不会有资格得到朝廷的隆重改葬？

八 谢鲲（附谢尚）

谢鲲（280—322），字幼舆，晋陈郡阳夏（今河南太康）人。其父谢衡，长于儒学，官至国子祭酒。

谢鲲爱好研读《老》《易》，歌唱弹琴，均有造诣。不修威仪，任达不拘。东海王司马越知道他的声名，招致麾下，做幕僚；此后，时为左将军的王敦招他做长史，故人称"谢长史"。他曾经是王敦的得力亲随，后因看出王敦有不臣之心，加以规劝而无效，渐与王敦疏离。官至豫章太守。卒于官。

谢鲲虽不无放荡的行为，但眼光独到，见识非同一般，守住了君臣底线。晋明帝尚在东宫的时候，就已经对谢鲲颇为信任。可惜，谢鲲四十三岁去世，未能见晋明帝与王敦的最后决战。然而，谢氏家族后来在东晋的政治版图上占有较大势力，与谢鲲早年奠定的政治基础有一定关系。

附带一提，谢鲲儿子谢尚，在晋穆帝时代颇有作为，对于扩大和巩固谢氏家族的权势也起到不小作用。兹以谢尚故事三则，附于谢鲲的故事之后。

1 谢幼舆曰："友人王眉子①清通简畅②，嵇延祖③弘雅劭长④，董仲道⑤卓荦有致度⑥。"（赏誉36）

‖ 释义

①王眉子：即王玄，字眉子，王衍的儿子，性格粗豪。

②清通简畅：意为思路明晰，处事简易而不拖泥带水。

③嵇延祖：即嵇绍，字延祖，嵇康儿子。

④弘雅劭（shào）长（cháng）：意为心胸开阔，品味高尚，且美好出众。劭，美好；长，专长。

⑤董仲道：即董养，字仲道，在晋惠帝时代，见贾后专权，乱象丛生，偕妻隐居，不知所踪。

⑥卓荦（luò）有致度：意为才华卓越，颇有韵致风度。卓荦，才华卓越，不同流俗；致度，韵致风度。

‖ 释读

谢鲲说："我的朋友王眉子，思路明晰，处事简易而不拖泥带水；嵇延祖，心胸开阔，品味高尚，且美好出众；董仲道，才华卓越，不同流俗，颇有韵致风度。"

谢鲲以"不修威仪"著称，也不是很有野心的人，《晋书·谢鲲传》说他"不徇功名，无砥砺行，居身于可否之间"，换言之，不以追求功名为自己的人生目标，不太自律，也不够刻苦，做人也不甚执着，比较随便，做官也行，不做官也行，如此而已。尽管这样，谢鲲可不是一个浑浑噩噩之人，他心里明白，设有底线，该做什么，不该做什么，心中有数，不会含糊。这是谢鲲的可取之处。

为什么谢鲲能够做到在大是大非面前不含糊呢？他提及自己

的朋友，如王玄，如嵇绍，固然在他的眼里都是不错的，均给予好评。而刘孝标在注释这一段文字时则别有见地，原来，他更看重的是董养，而王玄、嵇绍却没有在他的思考范围之内。

刘孝标引用谢鲲写的《元化论序》，值得重视。《元化论》（《晋书·董养传》作《无化论》）是董养的文章，谢鲲为之作序，其中写道："陈留董仲道于元康中见惠帝废杨悼后，升太学堂叹曰：'建此堂也，将何为乎？每见国家赦书，谋反逆皆赦，孙杀王父母，子杀父母不赦，以为王法所不容也。奈何公卿处议，文饰礼典以至此乎？天人之理既灭，大乱斯起。'顾谓谢鲲、阮孚曰：'《易》称：知几其神乎！君等可深藏矣！'乃与妻荷担入蜀，莫知其所终。"在这里，谢鲲转述了董养关于晋惠帝元康时代（291—299）的时政分析，其要点是：晋朝"以孝治天下"，如果是孙辈杀祖父母，儿辈杀父母，朝廷绝对不赦；奇怪的是，谋反而有不臣之心的，朝廷却会颁布国家赦书，不予惩治。董养认为这样做，是要灭天理，起大乱的。显然，董养从儒学出发，要维护国家纲常，伸张君臣大义，反对叛逆谋反。董养在晋武帝司马炎泰始年间（265—274），已经到了洛阳谋生，而谢鲲出生于晋武帝太康元年（280），可知董养年长于谢鲲，他们是忘年交。谢鲲深受董养的影响，在乱世之下，认同董养的看法，不仅不能做不孝之事，更不能生叛逆之心。谢鲲在写《元化论序》时，董养已经"与妻荷担入蜀，莫知其所终"了。这样的行为，对谢鲲也是有启迪意义的，故《晋书·谢鲲传》说他发现王敦有不臣之心时，"乃优游寄遇，不屑政事"，即与王敦保持距离，不与之同流合污、沆瀣一气。

谢鲲的态度和做法，相当明智，可谓大节不亏；而他说的"董仲道卓荦有致度"，若关联起来看，就显得更有意味了。

2 谢公①道豫章②："若遇七贤③，必自把臂④入林。"（赏誉97）

释义

①谢公：即谢安，东晋政治家。

②豫章：即谢鲲，曾任豫章太守，故称。

③七贤：即"竹林七贤"。

④把臂：相互携手，亲密无间。

释读

谢安评论谢鲲道："如果谢鲲早出生，遇到'竹林七贤'，必定得到接纳，携手入林，优游度日。"

在谢安眼中，在中朝名士里，与"竹林七贤"的气质最为相似的大概就是谢鲲了。刘孝标对此心领神会，在做注释时特地引用《江左名士传》里记载的谢鲲趣闻："（谢）鲲通简有识，不修威仪。好迹逸而心整，形浊而言清。居身若秽，动不累高。邻家有女，尝往挑之。女方织，以梭投折其两齿。既归，傲然长啸曰：'犹不废我啸歌。'其不事形骸如此。"熟悉"竹林七贤"的人都会知道，七个人其实各有个性，并非铁板一块；论气质，谢鲲跟"七贤"的哪一个比都不会完全一样。谢鲲喜欢啸歌，像阮籍；谢鲲在异性面前举止有些出格（挑逗邻家的女子），则像阮咸（阮咸私通姑姑的婢女，更为离谱）；至于"不修威仪"，与刘伶颇为相似。但有一点，在"通简有识"方面，谢鲲与"七贤"较有共同点。如此一比较，谢安的判断也并非没有道理。

谢鲲挑逗邻家女子的逸闻，流传甚广，以至于唐代人修《晋书》，将此故事写进《谢鲲传》里。门牙被打折，还"傲然长啸"，不当一回事，风趣地说"犹不废我啸歌"。有这样桃色故事的谢鲲，与规劝王敦不要谋反的谢鲲，竟然是同一个人。谢鲲的性格复杂有趣，于是，身处东晋的谢安一想到他，就不免联想到"七贤"；谢鲲如果也生于曹魏末年，说不定就成"八贤"了。

3 明帝^①问谢鲲："君自谓何如庾亮^②？"答曰："端委^③庙堂^④，使百僚^⑤准则，臣不如亮；一丘一壑^⑥，自谓过之。"

（品藻17）

||| **释义**

①明帝：即晋明帝司马绍（晋元帝司马睿之子）。在位时间较短（322—325）。其父司马睿是在王敦之乱酝酿期间驾崩的，明帝继位后接手处理王敦之乱。王敦病死于太宁二年（324），明帝则于次年即太宁三年（325）驾崩。

②庾亮：字元规（289—340），晋元帝时为镇东将军，甚得器重；晋明帝时，接替王导为中书监；晋成帝时，他以帝舅身份辅政，是东晋早期的实力派政治人物。

③端委：原指穿着端正而宽大的朝服的大臣，此处转义为朝政大员。

④庙堂：代指朝廷。

⑤百僚：朝中百官。

⑥一丘一壑：代指山水（含有爱好山水（淡泊名利）之意。

||| **释读**

有一次，晋明帝问谢鲲："如果要你跟庾亮做比较，阁下觉

得如何呢？"谢鲲回答道："如果说，站立在朝堂之上，一举一动成为百官的准则，我不如庾亮；如果说，在爱好山水、优游岁月方面，自感庾亮就不如我了。"

此处的"晋明帝"只是代指司马绍而已，他问谢鲲时，尚未登基，还是住在东宫的太子。刘孝标注引《晋阳秋》，其记载更为具体："（谢）鲲随王敦下，入朝，见太子于东宫，语及夕，太子从容问鲲曰：'论者以君方庾亮，自谓孰愈？'对曰：'宗庙之美，百官之富，臣不如亮。纵意丘壑，自谓过之。'"当时，谢鲲是王敦的长史，跟随王敦入朝；时为太子的司马绍召见他，在东宫相会。两人谈话比较投契，一直说到傍晚，还没有结束；说着说着，司马绍就问了谢鲲："如今有人将阁下比作庾亮，阁下觉得你们哪一位更为优胜呢？"所谓"自谓孰愈"的问话，是两人相熟之后的悄悄话，所以是从容地问，话题看似严肃，但场面比较随意；要知道，问话者是太子，也就是未来的皇帝，如何回答，却不得随便。可谢鲲其人，说话不装，大体还是实话实说了，没有高估自己，也没有贬低别人，总的来看，相当得体。

《晋书·谢鲲传》也记载了这件事情："尝使至都，明帝在东宫见之，甚相亲重。"原来，他们的谈话是在"甚相亲重"的气氛中进行的。估计这次交谈，谢鲲给太子留下了很不错的印象。可惜，谢鲲在晋明帝亲政前就已去世；晋明帝在对付王敦作乱时，谢鲲已经无缘斡旋，更不要说施以援手。但无论如何，他对东晋政权的亲善态度和效忠立场会使晋明帝有所感念，而他早前对上司王敦的规劝、疏离乃至于切割，是不简单的，也是不容易的。

4 谢鲲为豫章太守，从大将军①下②至石头③。敦谓鲲曰："余不得复为盛德之事矣。"鲲曰："何为其然？但使自今已后，日亡日去④耳！"敦又称疾不朝，鲲谕敦曰："近者，明公⑤之举，虽欲大存社稷⑥，然四海之内，实怀未达⑦。若能朝天子，使群臣释然，万物之心⑧于是乃服。仗民望以从众怀，尽冲退⑨以奉主上，如斯，则勋侔一匡⑩，名垂千载。"时人以为名言。（规箴12）

释义

①大将军：即王敦，任镇东大将军，故称。

②下：此处特指从上游到下游（王敦守武昌，自武昌走水路至石头城）。

③石头：即石头城，东晋都城，今南京。

④日亡日去：意为日复一日。谢鲲说话时，有所省略；他知道王敦与朝廷有矛盾，希望劝解王敦不要与朝廷对立，矛盾会随着时间的推移而淡化、消失，这是"日亡日去"隐含的意思。

⑤明公：对王敦的尊称。

⑥大存社稷：意为保存社稷江山（谢鲲在王敦面前替他说好话，将王敦的不臣之心说成是"大存社稷"；当时，王敦的矛头表面上不是指向皇帝，而是指向皇帝身边的亲信，他要清君侧，认为皇帝的亲信是坏人）。

⑦实怀未达：意为（您的）真实情怀未能表达出来。

⑧万物之心：此处意为朝廷内外的人。

⑨冲退：谦和退让（没有野心）。

⑩勋侔（móu）一匡：意为（您的）功勋将会与管仲相

等。勋，功勋；侔，相等。一匡，代指春秋时政治家管仲；《论语·宪问》："管仲相桓公，霸诸侯，一匡天下，民到于今受其赐。"这是"一匡"二字的出处，后转义为指代管仲。

释读

谢鲲做豫章太守时，跟随镇东大将军王敦沿着长江走水路，从位于上游的武昌到达位于下游的石头城。石头城是朝廷所在地，王敦挥军直指京师，用意甚明，他对谢鲲说："（事已至此）我不能够再被人誉为做'盛德之事'了。"谢鲲听此语气，劝解道："何必一定要这样呢？只要从今往后（不生事端），时间会一天一天过去的！"王敦又故意称病，不去朝见皇帝，谢鲲再次劝谕道："近日，明公的举动，本意是好的，是要保存社稷江山，可是，真实的情怀还没有表达出来，四海之内的人还不能理解。如果能够朝见天子，使众大臣明白，放下疑虑，朝廷内外的人都会信服您的苦心。依仗民望，顺从民意，以谦和退让之心敬奉主上，若能如此，将来建立功勋，足以与管仲并论，名垂千载。"谢鲲这一番话，当时的人都认为是至理名言。

刘孝标注引《晋阳秋》，说王敦是强行要谢鲲跟随自己去石头城逼宫的："（谢）鲲为豫章太守，王敦将肆逆，以鲲有时望，逼与俱行。"并且记载，谢鲲劝王敦上朝，而王敦"不朝而去"。苦口婆心，付诸东流。

尽管劝阻不住，谢鲲的一番言辞却足以令他青史留名。

其实，谢鲲不仅会说话，而且有史识。查《晋书·王敦传》，可以知道，王敦谋反，是具备一定实力的。他"既素有重名，又立大功于江左，专任阃（kǔn）外，手控强兵，群从贵显，威权莫贰"，这是他的政治和军事资本。此外，有一条不可忽视的是，他在上给朝廷的奏章里公然说："昔臣亲受嘉命，云：'吾（即晋元帝司马睿）与卿（即王敦）及茂弘（即王导）当管鲍之交。'臣忝外任，渐冉十载，训诱之诲，日有所忘，至于斯命，铭之于心，窃犹眷眷，谓前恩不得一朝而尽。"这段话，带有威胁的意思：想当初，我们识于微时，皇上说过"王与马"是管鲍之交，"王"就是王敦、王导，"马"就是司马睿。换言之，"王与马"仅是我们三个人而已，是"王与马，共天下"这一政治局面的核心人物，我王敦别的可以忘记，"管鲍之交"云云，绝对忘不了。说白了，在王敦眼中，这个江山并非仅仅是司马睿一个人的，皇上不要说话不算数，这才是所谓"前恩不得一朝而尽"的话中之话。试想，这样的人物关系与利害关系，谢鲲不会不知道；如果谢鲲是野心家，他很有可能力挺王敦，王敦不是没有得手的可能；而王敦一旦得手（何况王导与他同一家族），谢鲲也会跟着飞黄腾达，享受荣华富贵。可是，谢鲲没有这样做，他守住了底线，他知道王敦的行为是逆天的，性质恶劣，他想用"仗民望以从众怀，尽冲退以奉主上，如斯，则勋侔一匡，名垂千载"一番话来说动王敦争得历史美誉。谢鲲对历史美誉是有自觉意识的。这就是他的史识。

当然，谢鲲也知道，此时的晋元帝以及太子司马绍早有防范之心，晋元帝扶植自己的势力，想摆脱王氏的掣肘，特别重用刘隗等人；若要夺其江山，也并非易事。更为重要的是，谢鲲记住董养早年说过的话："天人之理既灭，大乱斯起。"（见谢鲲《元化论序》）他不愿意看到天下大乱，百姓遭殃，其儒学修养与纲常意识使得他明辨是非，不亏大节。

谢鲲的这一段故事，格外著名，也相当光彩。

5 顾长康画谢幼舆在岩石里。人问其所以，顾曰："谢云：'一丘一壑，自谓过之①。'此子宜置丘壑中。"（巧艺12）

|| **释义**

①一丘一壑，自谓过之：这是谢鲲对晋明帝（时为太子）说过的话，表明自己更喜欢游山玩水，不像庾亮（晋明帝内兄）那样热衷于政治。丘，丘陵；壑，山沟。

|| **释读**

大画家顾恺之画了一幅画，画面上谢鲲与山野里的岩石相伴。有人问何以画成这样，顾恺之答道："谢鲲本人说过：'一丘一壑，自谓过之。'这一位名士就是适宜身处丘陵、山沟之间。"

幸亏有《世说新语》的这一段文字，我们才知道顾恺之为谢鲲画过这幅画。世人提及顾恺之，往往会将他的《女史箴图》《洛神赋图》《列女图》（非真迹，传世摹本）挂在嘴边上；资料显示，他也画过《司马宣王像》《谢安像》《王安期像》《阮咸像》等。可是，在美术界，似乎较少提到《谢鲲像》。

顾恺之擅长"以形写神"，并以此著称；他博学多能，诗书画皆精，而画作方面以佛像、人物、山水独步天下。《世说新语》所描述的《谢鲲像》，兼人物画与山水画之妙，凸显了谢鲲淡泊名利、不计得失的气质和胸襟（《晋书·谢鲲传》说他"恬于荣辱"）。想象一下画面，谢鲲肯定不会穿得很正规（他以"不修威仪"出名），姿势也可能很随意而不会装得一本正经（他喜欢"任达不拘"），只是不知道顾恺之会不会画出谢鲲被打断门牙留下的豁牙子呢（谢鲲曾经挑逗邻家女子而被"折其两齿"）？也不知有没有画出谢鲲"傲然长啸"的气场呢？

唐代官修《晋书》，其中的《顾恺之传》提到《谢鲲像》："又为谢鲲像，在岩石里。"显然是抄自《世说新语》。

┌ 附：

谢鲲之子谢尚故事三则

谢尚（308—357），字仁祖。晋穆帝时拜尚书仆射，进号镇西将军，官至豫州刺史。为政清简，颇有官声。

1 ➤ 谢仁祖年八岁，谢豫章将送客，尔时语已神悟①，自参上流②。诸人咸共叹之曰："年少，一坐③之颜回④。"仁祖曰："坐无尼父⑤，焉别颜回？"（言语46）

‖ 释义

①语已神悟：意为对于语言的理解能力已经达到神悟的程度。

②自参上流：参与社会名流的聚谈。

③一坐：通"一座"。下文之"坐"字，也通"座"。

④颜回：春秋鲁国人，孔子得意弟子。

⑤尼父：即孔子，字仲尼，"尼父"是对孔子的美称。

释读

谢尚八岁时，其父谢鲲正要送走客人；那时谢尚对于语言的理解能力已经达到神悟的程度，可以参与社会名流的聚谈。来客都赞叹道："如此年少，简直就是我们一座人中的颜回啊！"谢尚随即说："一座人里没有尼父，怎么能辨别出谁是颜回呢？"

《晋书·谢尚传》也记载此事，又说年少的谢尚已经得到王导的器重，将他招致身边，成为年纪尚轻的幕僚。在某种程度上说，谢鲲早逝，谢尚十五岁即丧父，在日后的政坛上，王导成了谢尚的贵人。

上述文字，反映出八岁的谢尚十分机敏，对儒家人物和学说已经有所领会，而且词锋锐利，较为早熟；能够在社会名流聚谈时插得上嘴，其学识大概早已超越了同龄人。

2 谢镇西①少时，闻殷浩②能清言，故往造之。殷未过③有所通④，为谢标榜诸义⑤，作数百语。既有佳致，兼辞条丰蔚⑥，甚足以动心骇听⑦。谢注神倾意，不觉流汗交面。殷徐语左右："取手巾与谢郎拭面。"（文学28）

释义

①谢镇西：即谢尚，曾任镇西将军，故称。

②殷浩：字渊源（？—356），东晋陈郡长平（今属河南周口）人。著名清谈家，官至中军将军，世称殷中军。

③未过：意为没有（逐句）解说。过，魏晋时清谈用语，指逐句解释，即过一遍。如《世说新语》排调门第三十二则："时郝隆在坐，应声答曰：'此甚易解：处则为远志，出则为

小草。'谢（安）甚有愧色。桓公（桓温）目谢（安）而笑曰："郝参军此过乃不恶，亦极有会。'"所谓"郝参军此过"，即是"郝参军这样的逐句解释"。

④有所通：与下文"为谢标榜诸义"联系起来看，此句意为对《老》或《庄》的某些篇的题旨有所通解。通，魏晋时清谈用语，指阐释题旨，即串讲大意。如《世说新语》文学门第五十五则："许（询）便问主人有《庄子》不（否），正得《渔父》一篇。谢（安）看题，便各使四坐通。支道林先通，作七百许语……"可知，在清谈的时候，"通"与"过"对举，各有所指，意思有别。但有时，"通"与"过"可以互换，如上引《世说新语》排调门第三十二则"郝参军此过乃不恶"句，《太平御览》卷九八九引作"郝参军此通乃不恶"。应视具体的语境而定。

⑤标榜诸义：意为阐发、揭示《老》《庄》的某些篇的题旨。

⑥辞条丰蔚：意为言辞有条理，而且议论风生，并不枯燥。

⑦动心骇听：意为（听其高论）足以动心，且为之耳目一新。

释读

谢尚年少的时候，听说殷浩擅长清言，对《老》《庄》深意有精心的研究，故而特地到殷浩家去请教。殷浩没有逐句解释，只为谢尚阐释诸篇的题旨，串讲一番，仅仅作数百语，已十分精辟；有透彻理解，又条理清晰，议论风生，并不枯燥；谢尚听其高论，足以动心，且为之耳目一新。谛听之余，自愧弗如，不觉紧张起来，愧然流汗，汗珠顺着脸颊流了下来。殷浩见状，倒是悠闲地吩咐身边的人说："拿手巾来，给谢郎擦擦脸吧。"

刘孝标为此条文字加按语，说："按殷浩大谢尚三岁，便是时流。或当贵其胜致，故为之挥汗。"意思是，谢尚比殷浩只是小了三岁而已，可殷浩已经这样厉害，比自己优胜，所以不禁"为之挥汗"。这是解释谢尚"流汗交面"的心理原因。这一说法，是有道理的。

如果考察殷浩与谢尚二人的日后发展，就可以看到，这两位人物都是绝顶聪明的，可结局大不一样。别看当年在殷浩面前谢尚不免汗颜，论个人的功业，谢尚青史留名，《晋书·谢尚传》说他"在任有政绩"，故而一路升迁，"进号镇西将军"；要不是生病，谢尚在北伐的事业上可能还会有一番作为，他是在事业上升期因病去世的。反观殷浩，此人华而不实，据《晋书·殷浩传》记载，他虽然"以中原为己任"，但治军无方，又盲目自信，在军事行动中惨败，以至于被朝廷黜放，度日如年，"终日书空，作'咄咄怪事'四字而已"，其人生终以黯淡收场。若与谢尚比较，该汗颜的反倒是殷浩了。

这一段文字，有一处难解的地方，即"殷未过有所通"一句。有译注本解释此句"殷浩没有过多地发挥阐述，只给谢（尚）揭示各条义理"（张万起等《世说新语译注》，中华书局，2009年，第187页）；或解释为"殷浩没有过多地阐发，只是为谢尚揭示许多义理"（朱碧莲《世说新语详解》，上海古籍出版社，2013年，第133页）；或解释为"殷浩并没有作太多的阐发，只是为谢尚揭示一些主要意义"（毛德富等译《世说新语》，中州古籍出版社，2017年，第93页）；或解释为"殷浩没有过分地阐述发挥，只是给谢尚揭示一些主要的义理"（董志翘等《世说新语笺注》，江苏人民出版社，2019年，第237页）。以上解释，大同小异，但都没有了解魏晋清谈的用语"过"和"通"的特定含义。

3 > 王长史①、谢仁祖同为王公掾②。长史云："谢掾③能作异舞④。"谢便起舞，神意甚暇⑤。王公熟视⑥，谓客曰："使人思安丰⑦。"（任诞32）

‖ 释义

①王长史：即王濛，官至司徒左长史，故称。

②王公掾（yuàn）：此指王导的幕僚。王公，是对王导的尊称。下同。掾，古代官署属员的通称。

③谢掾：即谢尚。

④异舞：指不常见的舞蹈动作。疑非汉族舞蹈。

⑤暇：悠闲。

⑥熟视：全神贯注地看着。

⑦安丰：即王戎，"竹林七贤"之一，被封为安丰县侯，故称。

‖ 释读

王濛、谢尚同为王导的幕僚，有一次，王濛说："谢先生会跳一种舞，不常见的。"谢尚于是跳起来，神态安闲从容。王导全神贯注地看着，对客人说："这姿势和神态，使我想起王安丰来了。"

《晋书·王戎传》说王戎以"神色自若"著称，这是他留给世人的一个深刻印象。王导与王戎同宗，是王戎的后辈；王导在东晋初期的治国思路，与王戎在西晋末年渡江后的做法相通："（王）戎渡江，绥慰新附，宣扬威惠……荆土悦服。"（《晋书·王戎传》）在某种意义上，王导施政多有效法王戎之处，故而他会时常想到王安丰。

　　大概是谢尚"神意甚暇"的舞姿使王导想起了"神色自若"的王戎。我们未必要刻意去辨析谢尚与王戎有多少共同点，其实，二人的气质、性格并非一致，可能是他们的某种相似点让王导产生"意识流"，由谢尚之舞联想到王戎其人。

　　从王导面对客人说话这一细节可以推想，这是一个王导宴客的场面，席间，为了营造气氛，表示热情，王濛提议谢尚跳舞助兴。谢尚有跳舞专长，跳得别致而得体，看客们大为欣赏，王导也觉得很有面子。

　　谢尚遗传了其父谢鲲的文艺细胞，很有艺术天分。《晋书·谢尚传》说谢尚在为官之余，注意"采拾乐人"，即很重视结识民间音乐家，目的是"以备太乐"（朝廷音乐）。此外，刘孝标注引《语林》，说谢尚在酒后"为洛市肆工鸲鹆舞，甚佳"，即他会跳京师洛阳的民间艺人所跳的"鸲鹆舞"（鸲〔qú〕鹆〔yù〕，鸟名，俗称八哥），还跳得很地道。在音乐舞蹈方面，谢尚是有较深造诣的。

　　谢鲲在中朝名士里是一位很特别的人物，他为陈郡阳夏谢氏家族日后在东晋政治舞台上的业绩奠定了基础。

　　提及东晋历史，不得不说到"王谢"，唐刘禹锡的《乌衣巷》脍炙人口，虽是一首七绝，却是东晋权力变迁的一幅缩影："朱雀桥边野草花，乌衣巷口夕阳斜。旧时王谢堂前燕，飞入寻常百姓家。"其中，"王"是山东琅邪王氏，"谢"是陈郡阳夏谢氏。

　　从门阀政治的角度看，一个门阀的形成和强大，要靠几代人的经营，如同接力赛一样，一棒一棒地交接和传递。就陈郡阳夏谢氏而言，谢鲲的父亲谢衡仕至国子祭酒，毕竟"以儒素显"，即其影响大致限于学界。谢鲲则不同，他虽然任达不拘，但是极有政治头脑，从年轻时起就在西晋末期、东晋初期的政治圈里赢得名声，王澄对他十分推崇，王敦对他十分器重，晋明帝司马绍在身为太子时就对他十分信任。晋元帝、晋明帝父子都喜欢谢鲲，谢鲲因而也就有了向王敦进行规劝的底气，并自以为有居间斡旋的能力；正是因为谢鲲敢于反对王敦谋反，其言其行均能进入司马氏政权的考察范围之内，而作为考察对象，谢鲲是完全合格的。要不是他过早去世，其政治地位将会更高，影响力将会更大。尽管早逝，但谢鲲给陈郡阳夏谢氏家族打下了良好的政治基础，这是相当重要的。他的儿子谢尚，他的同宗后辈谢安、谢万、谢玄等都能够在东晋政治舞台上叱咤风云，尤其是谢安、谢玄叔侄，赢得淝水之战，名垂青史，万古流芳。如果说这是谢氏家族的接力赛，跑第一棒的就是谢鲲。

谢鲲是一个复杂而有趣的人物。他有趣，花边新闻不少；他复杂，其复杂性呈现为既很懂政治，又与政治若即若离，并非十分热衷。故此，他才会说自己有"丘壑之癖"，而不如庾亮那样对于政务那么投入。

谢鲲有着"竹林七贤"的遗风，喜爱音乐，重视发展自己的个人兴趣；他的外圆内方更多是像阮籍，但比阮籍外露，不掩饰自己的政治立场，不屈服于已经走上邪路的政治势力，不惜与顶头上司闹翻也要维护自己的政治信念。就这一点而言，别看谢鲲长于清谈，其内心隐藏着相当坚定的儒家思想。他守得住底线，与此大有关系。

日后，陈郡阳夏谢氏能在东晋政治圈里大有作为，不妨看作是谢鲲早年守住底线的政治回报。